鄭開翔———圖・文

百攤台灣

TAIWAN
STREET VENDOR

100 個攤販，100 種台味生活的方式！

目錄

認識篇
凝視台灣攤販

持物兜售

人力推車

單車攤販

機車攤販

貨車攤販

複合擺設

從生存的一角，看見生活的況味

「城市速寫」（Urban Sketch）這個生活態度教我的，就是面對生活的大小事不應有差別心，要試著設身處地思考，發掘其中的趣味。也因保有這種「接納」的心情，我才能發現許多庶民生活有趣的畫面。

一直以來，我總是醉心於記錄這些看似平凡的庶民樣貌，對我而言這才是最屬於我們的台灣風景。然而，有次接了一個繪圖案，案主希望我不要畫到街道一旁的流動攤販，因為這些攤販嚴格來說並「不合法」，畫了恐有「變相鼓勵」的感覺。我能理解案主的顧慮，但心裡又為這些攤販暗自叫屈。明明我們希望用市井的風景來吸引遊客，為何同時又否定他們的存在呢？這種矛盾心情大概一時難有解答，也成了我想要寫這本書的原因之一。

攤販為了移動方便，會盡可能精簡攜帶的物品，又為了吸引顧客注意，會最大化豐富攤位，加強視覺效果。其中更有老闆自身的美感與巧思，使得每個攤位都像是移動的裝置藝術。

在第一本著作《街屋台灣》中，我記錄了在城市間漫遊所發現的有趣街屋，堆疊凌亂的房子雖然不是典型的「美」，卻有著豐富的姿態，透過外觀與建材質感，展現出台灣庶民的生活樣貌。《百攤台灣》則有異曲同工之妙，提筆畫下攤販，一開始也許只是色彩斑斕的招牌、改裝奇特的攤車造型、在街角迸發的生猛台灣味，後來深入挖掘，才發現其中也蘊藏了自己的情感。

因攤販與人們的生活連結更為緊密，除了攤子本身的造型，還能觀察到攤販擺設的巧思、逗趣的標語，以及排隊等候的人生百態，我不自覺的將繪畫重心轉移到捕捉攤販與顧客互動的瞬間，希望可以把攤販辛勤工作的身影、與顧客充滿期待的快樂氛圍，以及自己的回憶記錄下來，這是攤販系列與街屋最大不同之處。

記得2000年的時候，正在台北讀大學的我，時常會在台北車站旁的陸橋上看見一些席地而坐的小販，前方擺個皮箱，販售一些如手錶之類的商品，就像小說《天橋上的魔術師》裡的魔術師，這種「一卡皮箱」的營業模式，就是最簡便的行動攤販。攤販像遊牧民族，只要一個行囊，天南地北都可以生活，若遇到取締的警察，或許只要闔起皮箱拔腿就跑，機動性十足。

再回想年幼時，下午常有賣豆花的攤車路過門前，從遠方就可聽見「島輝——島輝——好呷ㄟ島輝」從喇叭播放出來，當時，外婆總會去買一碗花生豆花給我吃，廣播聲的記憶與豆花的焦糖味緊連在一起，再加上外婆的情感作為調味，使得平凡的豆花在記憶裡變得更加雋永。

但不論是提著皮箱的街販，或叫賣的豆花車，在近年法治觀念、環保意識抬頭，以及外送平台的興起之下，許多攤販逐漸改變了的營業模式。以往街邊可見的小攤、露店，如今許多難以復見，只留在相片與我們的記憶裡。

我的作品裡時常帶著一種「捨不得」的心情，希望能透過我的畫作，記錄下這屬於台灣的吉光片羽。他們或許不「美」，難登上大雅之堂，但這種在地的人情叫賣，是無論我們走得多遠，都會最懷念的一聲呼喚吧！

認識篇

凝視
台灣攤販

對你來說，
有沒有一個味道、一個叫賣聲，
緊緊繫著童年的某段回憶？

我筆下的攤販

攤販通常指的是在戶外、街頭、廣場、市集等公共場所設置的小型商號,多半是可移動式的攤位,販售類型多樣,例如賣吃的、文創商品、家用品等。經營者多是個體戶,規模較小,使用的設備與器具也較簡便,各方面都較為彈性,能快速適應市場變化,靈活度大。

不同於攤販,「店」通常指的是設置在室內的商店,也因為場地固定,經營者的規模更為完善,所需的資本更大,使用的設備更為複雜,營業模式則相對較為固定,必須遵循更多的法律和衛生標準。

在分類上,因攤販的種類、業別難以計量,該如何定義、取捨、分類,在創作初期是讓我最頭痛的問題。百般思索後,決定從「攤販是最小人力成本」這個核心概念出發,區分出不同的擺攤形式,由簡而繁,記錄的對象則盡量選擇具有代表性的業別。

第一部分「移動江湖」,我從移動的方式切入探討,由最簡單的人力兜售,到手推車、單車,演變至有更大動力的機車、貨車。看攤販如何利用載具承載商品,做起「行動派」的生意。

第二部分「露店開張」,集結的攤販以定點為主,也許鋪一塊帆布就可開攤,或許多了些陳列架或招牌,甚至可能有較為龐大的桌椅或機具,發展成更具規模的攤位。

第三部分「捕捉時光」,特別將「遊戲攤」歸納於此,聊表我童年時對於這類遊樂設施的喜愛。此外,也延伸探討現今在特定的時間點或節慶才容易見到的攤販類型。

第四部分「聚攤成市」，是描繪攤販聚集成不同市集的特殊模樣。我挑選出五種市集，在構圖上，將行人擺放在畫面中間，攤販則放在兩側，主要是希望透過構圖的引導，讓人彷彿有「走進畫面」的感覺，且五種市集刻意使用了同樣構圖，便於比較這五種市集的整體氛圍、美感與消費群眾有何不同。或許多留心觀察攤販的特色、思考市集的成因，對我們生活的地方會有更多了解。

期許本書除了記錄與分類攤販的樣貌，更是認識台灣各類攤販的入門磚。台灣的人文如此豐富動人，其中仍有許多遺珠未能收入，更多的精彩就留給閱讀本書後的您去探索囉！

觀看重點

攤販是我們生活周邊隨處可見的商業模式。建築、道路等固定的設施就像空白的畫布，攤販則像灑在畫布上的顏料，散布在城市各個角落，使得原本冰冷的城市，妝點了許多「色彩」，也形成了台灣獨特的生活樣貌。

至於這些攤販的有趣之處在哪？我將從「造型趣味」、「販賣內容」與「情感共鳴」來分析。

∷ 造型趣味

攤販可區分為攤車、地攤、桌攤、複合式攤位等不同的營業方式，即便是同一種營業方式，也會隨著業態不同、個人的營業習慣、美感等多重因素延伸出千變萬化的造型，使得每一個攤販都是獨立的個體，且往往色彩豐富，創意十足。

攤車就像是縮小的店鋪，在乘載量與移動能力等限制下，同時要考量攜帶的方便性，又要能夠吸睛；在狀況瞬息萬變的路上，為了快速開攤與收攤，老練的攤販會研擬陳列與撤收的順序，種種巧思都會濃縮成攤上的設置。排隊等候時，我很喜歡觀察這類細節，從這些蛛絲馬跡中來推敲老闆的心思。

有些攤販會以諧音哏取名，反映出老闆的幽默。張貼在一旁的告示有時語氣溫和，有時嚴厲，顧客即使不用與老闆交談，都可以透過這些語氣去猜測老闆的脾氣，看到告示都會盡量遵守，以免惹老闆生氣。

營業時間長了，攤販的生財用具可能有著經年累月的磨損、髒汙，看起來更有歲月的痕跡。這些痕跡也像印記一樣，象徵攤販經歷過長年淬煉，有一定的品質保證。難怪常有人開玩笑，認為外表愈「髒」的攤販，說不定味道愈好吃。

○ 我很喜歡觀察攤車細節，
不僅顧及做生意的流程，
也蘊含老闆的美學巧思。

∷ 販賣內容

曾有句廣告詞說：「什麼都賣，什麼都不奇怪。」若用來形容攤販，真是再適合不過了。

攤販所販售的內容五花八門，從小吃、服飾、生活五金，食衣住行樣樣都有，若仔細推敲這些販售的內容，其實可以從中看到台灣的生活習慣與改變。例如靠海的地區，早上往往會有賣魚的婦人販售昨晚捕獲的海鮮；在店家較少的城鎮，至今仍可看到沿街叫賣的行動五金車開進小巷，提供最直接的服務；季節不同，可能在公路旁看到當令新鮮物產。這也是為何我總喜歡帶朋友走訪在地的市場，因為市場可以看到形形色色的攤販與商品，就像是在地生活的縮影。

同時我們也可以觀察到，有些攤販賣的是「一門手藝」，無論是捏麵人、修理紗窗、換拉鍊、畫人像，甚至是按摩、挽臉。這些「身懷絕技」的老闆吸引了過路客的目光，更因「一技之長」贏得消費者的口碑。只是這些技藝或許難以找到傳承者，每每想到這些，都會讓我對於此類攤販多增添了些珍惜之情。

○ 新鮮的現剖椰子水攤，只有特定季節才能看見。

﹕﹕情感共鳴

攤販在台灣社會上扮演相當重要的角色，更是一種道地的庶民文化。親民的價格、多樣的選擇，使得攤販與民眾的生活密不可分，有些老闆與顧客在長期互動下，更培養了深厚的情誼。

路上有時見到以貨車改裝的攤車，運用喇叭播放著音樂或叫賣聲，這些聲音總是讓熟客們趨之若鶩，但隨著大型賣場與連鎖商店在各地普及，攤車的功能式微，這些叫賣聲也漸漸消失在我們的記憶當中。

以往的生活娛樂相較於現在簡單許多，孩子多半難能擁有玩具或是零食。因此，只要有機會吃到甜點，那種難以比擬的快樂都會深深烙印在心裡。我想，每個人心中總有一個無法取代的味覺記憶，是外面的大餐館無法超越的，也許只是巷口的麵攤，或是簡單的麥芽糖，即使長大後，每次返回家鄉仍會再三光顧，甚至攜著自己的孩子，與他們分享自己童年時的美好。同樣的一攤，在每個人心中皆能譜出不同的曲子，這也是攤販能夠引起共鳴的原因。

○ 暈黃的燈光，喚起我們對於路邊攤的情感。

台灣攤販元素

透過繪製攤販圖像，我留意到一些台灣攤販常見的元素，它們可能是構建攤販的主體，例如攤車、招牌，也有許多出於擺攤者的需求，例如遮陽道具、照明系統，更有不起眼卻能發揮關鍵作用的神奇好物，且往往充滿「台味」特色，幾乎成為台灣路邊攤的經典符碼了。

∷ 攤車本體

可移動的攤車主要會有一個可以作為營業平台的桌面，攤車內部可以裝載商品，下方會裝設輪子便於移動，其中一側則設置手把。

隨著不同業態及規模，攤車也有不同的變化，有些攤車桌面會加裝烹煮的油鍋，或是在上方加裝遮陽的棚子。多數攤車以耐操好用的不鏽鋼材質為主，但近年的創意市集也漸漸出現木製攤車，外表美觀，但經不起長距離的移動與碰撞。可見不同類型的攤販，對於攤車的需求大不相同。

∷ 招牌

招牌往往是顧客第一眼看到的物件，通常色彩鮮豔、辨識度高，讓人一看就可以知道店家所販賣的物品，霜淇淋攤販就是一個好例子，醒目的霜淇淋造型燈箱吸住遠方孩子的目光，便會拉著父母前往。

攤販的招牌又與店面招牌特性略有不同，店面的招牌通常大又醒目，但攤販的招牌體積相對較小，有些老闆會運用自己的美術天分製作手工招牌，也有講究的攤販特地訂做精緻的燈箱，從招牌上便可以觀察到許多獨樹一幟的創意。

：：棚架

多數的攤販都會設置棚架，除了遮陽避雨，也保護商品的衛生與清潔。即便是沒有加裝棚架的攤車，攤販往往也會彈性的搭配大型遮陽傘來使用。

撐起棚子的支架，可以懸掛各式各樣的物品，例如包裝袋、告示標語、照明用具等，彷彿成為攤車的「骨架」，許多道具就像藤蔓與果實，沿著骨架「生長」出來，使每部攤車都充滿獨特的美感。

：：照明用具

照明用具對攤販來說，扮演了至關重要的角色，除了讓遠處的顧客能夠注意到，也可以讓販賣的商品更為亮眼，懂得配色的攤販更會依商品搭配適合的光線，使商品更加吸引人，例如食物攤販會搭配黃光，賣手機周邊商品的小攤會搭配白光，花俏的調酒攤則會搭配五彩的LED燈光。

燈光本身就有創造氛圍與傳遞情感的功用，不同光線所營造出來的氛圍，往往會成為顧客心中對於攤販的第一印象，可謂是攤上最容易被忽略的大功臣。

∷ 攤販穿著

攤販的穿著也是我的觀察重點之一,其服飾會適時適所,隨著營業需求而改變,往往可以從服飾猜測攤販的業別。例如需要長時間晒太陽的攤販,往往會搭配斗笠與面紗,手臂再套上袖套;從事餐飲業的攤販,口罩、手套與圍裙則是標準配備;夜市的攤販同時要應付四面八方的客人,腰間的霹靂腰包是不可少的配備;若是較新潮的文青攤販,穿搭往往更講求質感與流行,色彩更為一致。

∷ 包裝袋

攤販最常見的包裝用品大概是「紅白塑膠袋」了,紅白相間的條紋,深深烙印在我們的腦中,宛如標誌性的存在。若在國外機場看到有人提在手上,幾乎可以斷定他是從台灣來的。

包裝袋通常會固定在攤子一旁的支架上,便於抽取,也有人是使用捲筒式的透明塑膠袋。近年環保意識抬頭,許多攤販也開始改用成本較高的紙袋,或是以折扣方式鼓勵顧客自備袋子。

∷ 瓦楞紙箱

瓦楞紙箱具有重量輕、防撞的優點,通常會用來裝運較為嬌嫩且需避免碰撞的蔬果。外觀通常會印上產地來源,旁邊用鮮明的色彩寫著「品質保證」之類的大字,再搭配土黃色的箱體,這樣的顏色搭配,成為了市場裡常見的台灣符號。

⠿ 塑膠菜籃

塑膠菜籃的特點在於設計，除了兩旁有個凹槽作為把
手，更將開口設計成能夠相互堆疊收納的樣式。因為
堅固耐撞，許多攤販拿出裡頭的貨品後，將籃子倒過
來相疊，就成了現成的陳列桌，省去攜帶桌子的麻
煩。這些特性都大大增加攤販裝載的便利性，可說是
一舉多得的好物。

⠿ 展示容器

為了展示商品與維護產品的乾淨，攤販上往往會有展
示的容器，有些是以瓶瓶罐罐的方式呈現，有些則是
以櫃子的方式來收納。

例如小櫃子滷味的木質櫃子除了收納食物，也傳遞了
舊日的情懷，而常見的玻璃櫃更是展示商品的好選
擇，賣包子的攤販則直接擺出蒸籠，依販賣的品項不
同，各異其趣。

⠿ 紅塑膠椅

輕量的四腳塑膠椅有著便於堆疊收納的好處，也是許
多攤販常使用的物件，中間有個小圓洞方便拿取，也
分散坐在上頭的壓力。這種椅子的顏色有許多種，但
紅色仍是主流，在色調普遍灰暗的市集裡，也成為一
種跳色的存在，使市集的色彩更加豐富。

移動
江湖

從沿街叫賣到手推腳踏，
從小綿羊機車到胖卡貨車，
多樣化的攤車凸顯了賣家的流動創意，
以及自由不受拘束的販售情懷。

持物
兜售

手持商品兜售的攤販營業模式，可說是「最小的人力成本」，只要一個人，就可將少量的物品攜帶在身上向路人販售。這類攤販不需店面與交通工具，投入成本較低，機動性高，亦能提供經濟實惠的商品。

早期攤販會以這類方式，挑著扁擔在大街小巷叫賣食物、蔬果或生活用品；也有不少人批來特定的物品，在十字路口、車陣、月台上遊走兜售。

近年來，不論是交通工具普及、網路的發達，小型零售業有更多適合的方式推銷商品，在路上兜售的方式已逐漸少見。如今仍以這類營業方式維生的，多是較為弱勢的族群。

01 玉蘭花

賣玉蘭花是台灣特有的商業行為之一。以前常在廟宇看到兜售玉蘭花的攤販,許多人祭拜時會在供品上放一小束,作為獻花;有些人則會將芳香的玉蘭花掛在汽車後照鏡,充當天然的車內香水使用。

玉蘭花販從花商進貨,再以鐵絲串成一小串販售,一串三十到五十元不等。他們會在車站、廟宇等人來人往處販賣;有時也會利用等待紅燈的時間,穿梭在車陣裡兜售,快要綠燈時,再迅速跳上一旁的分隔島閃避車輛,我時常替他們捏一把冷汗。

許多攤販在胸前掛了牌子,寫上自己目前的困境。對於消費者來說,購買玉蘭花除了實質上的需要,也許更多是出自對攤販的同情。但不論如何,玉蘭花仍是許多台灣人心中重要的文化符號,也是值得珍惜的文化之一。

02 掃帚阿公

早期的攤販會用扁擔的方式肩挑商品，行走在大街小巷販賣，有些是生活用品，也有零食或冰品。攤販移動的路線通常是固定的，熟客聽到遠方傳來叫賣聲，自動就會向其聚集，有時不一定是為了買東西，可能只是想寒暄幾句，這樣的人情味似乎也愈來愈少見。

掃帚是家家戶戶都需要的生活用品，昔日以竹子及藤條手工製作，攤販每天將自己製作的掃帚以扁擔挑到街上叫賣。隨著居住型態改變，住在大樓裡的我們手裡拿吸塵器，很少使用掃帚，更別說有機會可以掃落葉。

手工的技藝愈來愈少人願意傳承，全台目前剩下幾位手工掃帚職人，即使年事均高，每天仍堅持製作掃帚、上街叫賣。也許對這些師傅來說，重要的早已不是賺錢，而是想維持這個數十年如一日的習慣，當作運動，也是生活，又或是心裡還抱著一種傳承的心願。如今，挑著扁擔賣掃帚的身影愈來愈稀少，幾乎是一種行走的「文化財」，能看到都算好運了。

03 月台便當

約莫是2011到2013年間,當時我正在花蓮的單位服役,收假時總會從屏東搭上自強號,坐五個小時的火車回花蓮。當火車駛進池上站,車還沒停妥,便能聽到窗外月台上的便當叫賣聲。

便當攤販會用一個大木盒裝著數個便當,以背帶掛在胸前,於月台上兜售。因為熟知每班車到站的時間,攤販會抓緊火車靠站的短短幾分鐘,在車門及車窗邊將便當販售給車上的乘客,有些攤販甚至會上車,快速的走過一、兩個車廂叫賣。

也因為停留的時間短促,經驗老道的攤販會搶先站在車門停靠的位置,熟門熟路的乘客也會等在車門前。當車一停下,互有默契的兩者一手交錢一手交貨,形成一幅有趣的畫面。為了減少交易時間,老闆還會將零錢預先用小夾鏈袋裝著,若顧客拿出百元紙鈔,便可快速找錢。

從軍中調職後,我幾乎沒再回去花蓮,這類在月台販售便當的方式也不知何時消失,成為了歷史的記憶。

04 氣球攤

從小到大都能在夜市見到販賣空飄氣球的攤販，這種氣球灌了氦氣，可漂浮在空中，表面印上各種精美的圖案，或做成各式各樣的造型，當然價格通常不便宜。

氣球往往只有當下買了開心，回家過兩天就漏氣，沒太大實用性，所以若非經濟狀況不錯的人家，家長通常不太願意花錢讓小孩買，時常看到氣球攤旁邊有幾張殷殷期盼的小臉孔，我是其中一個，只能遠觀卻未能擁有。

對於童年的我來說，空飄氣球就像是高貴的象徵，幻想若能握住繫著氣球的那條細線，矮小的自己彷彿也變得和氣球一樣高，成為夜市裡最「蝦趴」的存在。老闆賣的其實不是氣球，而是屬於孩童的天真浪漫。這樣想，花點小錢似乎也不算壞事了。

05 彩券攤

台灣的公益彩券自推出以來廣受民眾喜愛，除了刮刮樂，還有大樂透、威力彩等琳瑯滿目的玩法。對於多數民眾來說，買彩券就像是「花小錢買個希望」，帶有娛樂性質，對於中獎與否並不太在意。當然也有賭性堅強的人集資用「包牌」的方式下注，以提高中獎機率。

公益彩券主要是身心障礙者、低收入戶等弱勢民眾可以申請販賣，有些身障者會以自身的輪椅充當販售彩券的桌面，在捷運站或十字路口販售。但想銷售彩券，也要有大量的資金才能夠批貨。曾聽聞無力經營彩券的身障者以「借牌」的方式，將經營資格讓給實際經營者，每月換取定量的租金來維持生計，這似乎已是廣為周知的祕密了。

人力
推車

以人力將攤車移動至販售位置，打烊後再將攤位推回的模式，就是一種陽春的攤販型式。攤車可能只是簡易的手推車，也或許機能較為完善，除了儲物空間，還具備陳列或吊掛招牌的設計。小小的推車，往往可以出現在各式各樣的地方。

因全由人力推動，若攤販的住家離營業場所過遠，可能就不會採取這樣的擺攤方式。為了克服距離問題，有些人會選擇在營業場所鄰近的地方租個空間停放攤車，待每天營業時，直接將攤車推至定位，也是一種變通的作法。

06 雜細仔車

在便利商店尚未普及的年代，許多社區只有一間雜貨店，提供在地居民各式生活所需用品，還協助處理生活大小事，所以雜貨店成為居民時常光顧的地方，也凝聚了居民的情感。

不過雜貨店能服務的範圍畢竟有限，所以也有這種人力的「雜細仔車」，攤販以手拉車的方式，將簡易的日用品送到偏遠地區販賣，舉凡牙膏、牙刷、洗髮精、肥皂、痱子粉……應有盡有。

木造的攤車年代久遠，棚架上綁了鐵皮浪板作為補強。展示商品的櫃子內部釘了幾層貨架，讓商品可以高低擺放、垂直陳列；外側以玻璃作為拉門，為了怕移動時商品傾倒，商品前方還綁著細魚線，用來固定位置。攤車下半部設計成許多抽屜，放置各式各樣的小型物件，處處可見攤商的巧思。攤車的手把因老闆經年累月的握持，磨得油亮光滑。幾年前，嘉義還有一位李阿公以這種方式在販賣；阿公過世後，這樣的營業模式幾乎成為絕響了。

07 | 棉花糖

棉花糖是深受孩子喜歡的甜食，色彩華麗的外表相當吸引目光，價格便宜，外觀的量體又大，花少少的錢，就覺得買了很大的東西。將一大顆棉花糖撕成一片一片來吃，可以吃很久，也符合小孩喜歡「玩食物」的個性，每次都會把一雙小手和臉頰沾得黏黏的。有巧思的老闆甚至會利用棉花糖的可塑性，搭配各種顏色做出各類的造型，吸引顧客同時提高售價。

棉花糖攤販所需的工具不多，主要是一個製作棉花糖的機器，以及一個小瓦斯桶。將糖倒進機器中，加熱融成糖漿，經過高速旋轉噴出的糖漿，成為棉絮般的糖絲，老闆再以竹籤反覆繞圈，將糖絲纏成一大團便完成。

這個攤位以最簡單的推車作為移動工具，菜籃或許是收納箱，推到現場時，還能翻過來充當桌子。將機器擺上，再將招牌的竿子綁在推車把手上，就可以開攤了，至今仍可在各大夜市看到棉花糖攤販的身影。

○ 在籃子上蓋一塊木板，
　就是現成的桌面。

棉花糖
每支40元

08 麥芽餅

有天在大稻埕閒晃，瞥見一攤小巧的麥芽餅攤。袖珍的攤子中間是老闆的工作區，鐵盒裡裝滿金黃色的麥芽糖，只見老闆帶著手套，俐落的將麥芽糖捏起，在餅乾上以順時針由內而外繞圈，鋪滿麥芽糖後撒上梅子粉與花生粉，再以另一片餅乾夾起。製作方式不複雜，口感兼具餅乾的酥脆與麥芽糖的香甜，同時又融合梅粉的酸，這個簡單的味道，可是牽繫著許多人的童年回憶。

在零食選擇較少的年代，常期待父母能買罐裝的麥芽糖回來，孩子通常會用筷子來挖麥芽糖，挖起後將拉長的糖旋轉幾圈，就成了現成的棒棒糖；有時還因麥芽糖太頑固，硬生生把插進去的筷子掰斷。長大後的選擇多了，已不太會想到要吃麥芽糖，但偶爾看到這樣的攤子還是會想要光顧，重溫一下童年口中酸甜的幸福滋味。

09 車輪餅

車輪餅形同其名，外觀如輪胎，酥脆的餅皮裡填進滿滿的內餡，紅豆和奶油是最經典的口味。有些老闆會另外準備蘿蔔絲，做成鹹的車輪餅，或是把奶油和紅豆餡包在一起。近年的車輪餅更是花樣百出，鮪魚、抹茶、芋頭⋯⋯滿足顧客求新求變的味蕾。

車輪餅攤通常會有個特製的爐具，爐具上有數個圓形的小凹槽。老闆會先將麵糊塗抹在凹槽裡，製作一些餅皮，等到餅皮成型後把餡料擠入，蓋上另一塊餅皮，再用麵糊塗抹邊緣使其黏合，有點像日本的鯛魚燒。但鯛魚燒是使用類似製作鬆餅的模具上下壓製而成，餅皮較厚且鬆軟；車輪餅的模具並沒有蓋子，形狀十分單純，餅皮較薄，吃起來酥酥脆脆。

車輪餅分量不大，許多人經過攤販，通常都會帶一、兩個當點心解饞，攤子旁邊時常可以見到各種年齡層的顧客，不論是學生、拉著孩子的主婦，或是灰白頭髮的大叔，大家都等著現做、熱騰騰的車輪餅，可說是台灣相當具代表性的日常甜品了。

10 雞蛋糕

說起雞蛋糕，我心目中最好吃的就是屏東中央市場裡的「太空棒雞蛋糕」。這間經營三十餘年的雞蛋糕攤，從我國中時就常來吃了，當時搭公車放學回到屏東，下車後常和同學在中央市場附近鬼混，有時去打拳擊機、吃愛玉冰或蛋包飯，若正好看到雞蛋糕攤，都會排隊買個幾根。

為什麼這間雞蛋糕攤叫「太空棒」？因為它的雞蛋糕造型是長條狀，兩頭圓圓，中間沒有餡料，就只是單純的麵糊雞蛋香。攤子數十年如一日，從未變過，甚至連老闆的長相都依然年輕，彷彿定格在我國中的時候。

小小的攤子只有兩個鐵製模具，一次產出八根雞蛋糕。老闆一手倒入麵糊，另一手則熟練的轉動著模具，等麵糊倒完，再轉身從水桶撈出麵糊，重複同樣的流程。抹奶油、倒麵糊、闔上模具、翻轉、等待幾秒、開模、用叉子拿出雞蛋糕放涼、用紙袋搧幾次風……老闆的一系列動作如行雲流水，翻動的時間、次數、節奏幾乎相同，這大概也是排隊時欣賞的趣味之一。

剛出爐的雞蛋糕最好吃，每次拿到手之後，幾乎都是在路邊直接吃完。就當我的私心也好，走遍台灣，吃過這麼多雞蛋糕，真心覺得這家雞蛋糕乾溼的比例堪稱完美，外表酥脆，內在鬆軟，又不會讓人覺得口乾。

有些人覺得雞蛋糕「門檻低」，在夜市時常見到不同的雞蛋糕攤為了吸引顧客，紛紛出奇招，不僅在模具上爭奇鬥豔，內餡更是花樣百出。這時回頭再看，外表平凡無奇的太空棒沒有任何行銷或包裝，究竟是什麼魔力能一賣三十年？許多顧客長大後，甚至帶著小孩來分享自己的童年味道，這其中的堂奧，也許值得我們深思。

11 菜燕麻糬攤

菜燕與麻糬都是相當具有台灣特色的點心，菜燕是用洋菜粉混入冬瓜茶做成，通常會先倒進模子裡放涼，冷藏後切塊食用，口感冰涼，比果凍略硬一些；麻糬則會捏成小圓球狀，搭配加了白糖的芝麻或花生粉。

有趣的是，這樣的攤通常都會伴隨著「噠噠噠」的聲音，這其實是一種小型的齒輪機關，主要用途是在「製造聲響」，而不是用來「搗麻糬」。

為什麼會放上這樣的機關呢？眾說紛紜。有一說是早期齒輪在運行時，上上下下的鐵棍會綁上月兔玩偶，做出搗麻糬的動作，「噠噠噠」則是鐵棍重複落下撞擊的聲音，月兔造型也曾改為小尊的布袋戲偶，吸引人注意。

雖然現在的菜燕麻糬攤已不再看到各類玩偶，但是齒輪機關彷彿約定俗成，被保留了下來，「噠噠噠」的聲音記憶也就變成這種攤位的代名詞，顧客只要聽到遠方傳來這個聲音，就知道菜燕麻糬車來了。

12 炭烤豌豆

這個炭烤豌豆的攤子已經營了五十年，目前主要由老闆的孫女主掌，是許多基隆人的童年記憶，在地人又戲稱為「放屁豆」。

攤子上稱得上是「招牌」的東西，只有一張A5大小不到的瓦楞板，歪斜的手寫字寫著「古早味烤豌豆，一包50元」，但顧客也不需招牌，因為遠遠就會先被攤子上堆積如山的豌豆、充滿年代感的老舊火爐，以及方形鐵籠所吸引，這都是在別處從未看過的風景。

泡過鹽水的豌豆放進特製的方形鐵籠，在火爐上炭烤，鐵籠要不時翻轉與傾斜，才能讓豌豆均勻受熱，炭烤完的豌豆會先放在一旁的保麗龍盒裡保溫。經過炭火烘烤的豌豆表皮有點脆，豆子本身是軟的，吃起來帶有點鹹味，一顆接著一顆相當順口，很適合追劇的時候吃。

為什麼叫「放屁豆」？許多人認為是因為豆類食物吃了容易放屁而名之，但我問過老闆，老闆笑說是因咀嚼時的口感相當彈牙，咬下時會有「啵」的感覺。但不論是哪個原因造就了這個詼諧的名稱，都吸引到許多朝聖嘗鮮的民眾，使得這個飲食記憶更深刻的留在顧客心中。

13 手搖飲料

生活條件進步的現在，連鎖飲料店在街上隨處可見，可供選擇的品項更是五花八門。因為選項太多，我們常自嘲自己有「選擇障礙」，但這何嘗不是現代人一種「奢侈的煩惱」呢？以前的飲料才沒那麼多選擇，也沒有什麼「調製」的概念。對小孩來說，有甜甜冰冰的東西可喝，就已是萬幸了。

約三十年前，當時仍就讀國小的我開始在夜市裡看到手搖飲料攤。攤子的外觀通常都會掛上手寫的招牌，寫著大大的「珍珠奶茶」四字來吸引顧客，有些甚至會浮誇的掛上燈籠。底下的「菜單」更是密密麻麻，寫著如冰咖啡、阿華田、布丁奶茶等飲料名稱，相較於現在的飲料名稱更為直率易懂。

手搖飲料攤最經典的元素，大概是透明的飲料桶，至少會有兩桶分別裝著紅茶與綠茶，並用紅綠兩色的蓋子來區別。早期的飲料多是攤商自己製作販賣，老闆會在家中做好各類的飲品，裝在大型的透明壓克力圓桶裡，同時也在向顧客展示自己的飲料沒有奇怪的雜質在裡頭。

我小時候最常喝的飲料，其實是最簡單的「泡沫紅茶」，看店員把冰塊倒進「銀色橢圓形的奇怪容器」，再倒進飲料，加進豐年果糖，蓋上蓋子搖盪，這一系列動作真是相當新奇。而招牌上如「冰淇淋紅茶」、「胚芽奶茶」之類的品項，如今看來平凡無奇，當年的我可是覺得新鮮得不得了。紅茶可以加進冰淇淋，是何等奢侈幸福的吃法！

◎ 當年覺得冰淇淋紅茶是相當新奇的飲品。

14 豬血糕

豬血糕是台灣常見的小吃，主要是用糯米與豬血混合蒸煮而成，黑色外表常讓外國人退避三舍，但其實本身沒有腥味，除了蒸、煮，以炭烤或炸的方式料理都很適合，許多小吃攤也都有它的蹤影。

豬血糕攤通常專賣蒸的豬血糕，攤車上會有一個木製蒸籠，為了方便拿取，豬血糕會插著一根竹籤，當客人點餐後，老闆掀起蒸籠，拿出蒸好的豬血糕，擱在一旁刷上醬料，便直接平放在裝滿花生粉的鐵盤上，讓兩面沾滿厚厚的花生粉，再撒滿香菜。甜甜鹹鹹又帶點香菜的清香，顧客通常像吃冰棒一樣，拿著豬血糕邊走邊吃，沒幾口就吃完，是相當適合用來墊墊肚子的小吃。

有些人不喜歡香菜，可以請老闆別放。但對我來說，豬血糕少了香菜，就像鹽酥雞少了九層塔一樣少一味呀。

15 沙威瑪

沙威瑪攤總是引人注目，攤子中間會有個烤爐，烘烤著不停旋轉的巨大雞胸肉串，老闆用刮刀削下肉，塞進烤過的熱狗麵包，再加入少許生菜絲與大量美乃滋，一份沙威瑪就完成了。

這道異國小吃其實源於中東，肉多是羊肉，除了夾生菜，還會加入洋蔥、番茄等配料，並以捲餅的方式來食用，傳入台灣才因在地的飲食習慣，轉型成我們現在熟知的模樣。

因肉串給人的印象太過強烈，每每經過都覺得肉串沒有減少的跡象，網路上甚至戲稱沙威瑪的肉串中有個會自己增生的「沙威核」，成為另類的都市趣聞。

攤販的招牌上寫著「法式」二字，追究食物起源，與法式似乎沒太大關係，但掛上這兩字似乎就讓整個檔次提升了一級，這大概也是台灣人的可愛之處吧。

16 燒仙草

記得小時候第一次看到燒仙草，可是大大顛覆了我的認知，因為我最早認識的「仙草」，是以冰涼、果凍狀的方式存在。夏天時，家人通常會將仙草凍切碎，做成仙草甜湯，冰在冰箱裡，是我童年最期待的點心。之後雖然也喝過仙草茶，但沒想到還可以加熱來吃！仔細想想，仙草用不同的姿態，在不同季節陪伴我們，可說是最低調又貼心的在地甜品。

燒仙草攤最有趣的，就是老闆多半會準備紅豆、芋圓、地瓜圓等配料任君選擇。對我來說，最不可缺少的一味就是「炒花生」了，雖然花生的占比非常小，但堅硬的口感有別於其他Q彈的配料，使得燒仙草的口感與香氣又多了一個層次。

我畫的燒仙草攤位於基隆，除了販賣燒仙草，還兼售蜂蜜茶和冰仙草茶，大大的「蜂蜜茶」招牌字遠遠就吸引了我的目光。攤前排隊的人手上都拿著白色的保麗龍杯，緩慢前進，原來是這家生意太好，老闆根本無暇裝料，所以全採自助式，由客人自行舀料，老闆只要最後負責將燒仙草舀進杯裡就好。一杯四十元，真的是「俗擱大碗」。我因為每種配料都想嘗試，一不小心就裝過半杯，仙草只有一點點，實在太貪心了。

◎ 燒仙草的配料往往任君選擇。

17 | 地瓜球

地瓜球是將地瓜泥與樹薯粉混合成麵團後，捏成小塊，油炸而成的小吃。澎澎圓圓的地瓜球外表酥脆，一口咬下，中心居然是空的，口感軟Q。有些攤販還會撒上梅粉調味，吃起來相當涮嘴。

地瓜球攤除了負責油炸的老闆，旁邊多半還需要有個助手，不停將麵團捏成一粒粒下鍋，同時負責裝袋和收錢。炸一鍋的時間約五到十分鐘，常常會在攤子旁看到排隊等著現炸地瓜球的人群。

主掌油鍋的老闆拿著一個濾油的篩子，不停做翻與壓的動作。我很好奇為什麼老闆都會做這個「壓」的動作，身邊一位經營過地瓜球攤的朋友說，通常炸地瓜球會先用中小火讓地瓜球定型，等到地瓜球浮出油面，再用油篩去壓出麵團所吸收的油，讓空氣進入，這樣地瓜球才會膨漲變大。起鍋前還要再拉高油溫，做最後的逼油，讓地瓜球酥脆不油，外表也會圓圓的。看似簡單的地瓜球竟有這麼多學問，真是讓我學了一課。

18 烤魷魚

身為屏東孩子，印象中昔日中山公園的路邊有幾間賣著烤魷魚的攤販。據說這裡會聚集烤魷魚攤，除了鄰近公園，還因附近曾有電影院，觀影的民眾常會來此購買，但多年後的今天，也僅存一間仍在營業。

攤上有個展示的玻璃箱，裡面放了烤魷魚和魷魚片，標示著不同價格，讓顧客知道各種價位的分量。最特別的是，若想拚看看手氣，攤上還有個彈珠台，客人可以和老闆比拚一場，但能贏老闆的人寥寥可數。我想，老闆在沒客人時，一定不停磨練打彈珠的技術吧。

客人點餐之後，老闆會將魷魚片放在小火爐上，用炭火翻烤後，再用日曆紙包裝起來，這個撲鼻的香味，我至今仍難以忘懷。

烤魷魚對小時候的我來說，可是相當昂貴的存在，爸媽也不太有機會買給我吃，對於烤魷魚的渴盼就一直深植在我心中，長大後經過，常常會去買一份，重溫炭火的香氣，以及醬料與魷魚入口的香甜。

19 書報攤

有次在路邊看到賣書報的攤子，正讓我想起小時候在夜市書攤旁，翻閱一本本故事書的回憶時，定睛一看，才發現這原來不是我所想像的書攤。攤上掛的報紙寫著「福報」、「紅報」、「龍報」、「台北鐵報」等從未看過的報名，基於好奇，我也向老闆買了幾份，並詢問這些報紙是做什麼用的；老闆說這些報紙是報名牌的，有些人要簽六合彩或樂透就會來買。

我翻開報紙內頁，裡頭全都是如亂碼般的數字，完全看不懂其中端倪。然而有趣的地方在於聳動的標語，例如「每天閱讀必致富，發財致富在本報」、「本報有專員研究怪招版路……雖然不敢說百分之百，但每期只要三十元，輸者必能翻身」、「彩號研究院提供，經研究推算，本期彩號唯28尾數為吉數……首推02、12……」，甚至還有「推背圖分析」，上頭有些毛筆簡筆的圖樣，然後文謅謅的解析這代表什麼數字。這些報紙內容主要是提供讀者簽注的依據，但不免還是有警語寫著「本報僅供研究參考，切勿沉迷賭博」。這真的是讓我長了見識，看到不一樣的世界。

過往台灣曾流行「大家樂」的簽注遊戲，許多人會求神問卜，或是依香灰掉落的形狀推斷數字，沒想到類似的作法在幾十年後的今天依然存在，看來不管是什麼年代，人們總會想方設法、汲汲營營於獲得財富。我雖不一定認同，但也無意貶低，畢竟這都是屬於台灣文化的一部分，試著理解並且尊重就好。

○ 細看這些報紙，上頭有著
密密麻麻的解析。

20 麵茶攤

乍聽「麵茶」這個詞，直覺上是類似「米漿」之類的飲品，但其實麵茶粉是用麵粉、油和糖拌炒而成，加入熱水，均勻攪拌後會呈現膏狀，用湯匙小口品嚐，味道鹹甜又帶有點油脂香氣，吃起來也略有飽足感，實在佩服早期的人怎麼都可以發明出這類省錢又好吃的點心。

基隆有個有趣的麵茶攤，老闆推著攤車在街上遊走，行蹤不定，想要「捕捉」的顧客全憑運氣，還被當地人戲稱為「抓寶系」攤車。有次騎機車，眼睛正巧瞥見路旁緩慢推車的麵茶阿伯，我興奮的趕緊靠邊停下，掩不住笑容的上前購買。

這個麵茶攤的外觀相當有特色，攤上瓶瓶罐罐是裝了麵茶粉與太白粉的桶子，最引人注目的是有著長壺嘴的鐵製水壺。老闆將麵茶粉舀進紙杯後，再用類似「印度拉茶」的手勢，離得遠遠的將熱開水倒入紙杯。除了這項特技，持續加熱的水壺煮沸後會不時發出如汽笛般的「逼逼」聲，使得顧客從遠方就知道麵茶攤來了，這個聲音就此與麵茶攤綁在一起，成為人們重要的聽覺記憶。

21 修鞋攤

「修鞋」這件事，對於我們現代人來說似乎是愈來愈少見，我自己就從來沒有拿鞋子去修的經驗。「汰換」與「修復」是兩種不同的情感價值，前者或許有更多的餘裕，也象徵一種果斷，後者則大概是更多「捨不得」的心情。

高雄旗山有一位修鞋的周師傅，在當地已執業五十餘年，每日推著攤車到定點，將攤車固定好後，張開遮陽傘就開始營業。開攤的同時，有些老顧客早就在一旁等候。老闆接過鞋子反覆端詳，向顧客解釋鞋子壞在哪裡、怎麼修理，便立刻著手修繕，有時以強力膠來黏合，有時用粗大的縫針來縫補，對症下藥、見招拆招。修理期間也不時有顧客過來排隊，更有不少好奇的遊客圍觀拍照，但這對修鞋師傅來說，似乎也見怪不怪了。

收攤時，修鞋師傅將遮陽傘收起，綁在棚架上，移開固定攤車的木頭，再緩步推攤回家。這些數十年如一日的開攤動作，讓我想起日劇《深夜食堂》裡的老闆，開店時會將門簾掛上，點亮招牌的燈，象徵一天營業的開始。我一直認為這些開攤收攤的過程很有儀式感，是身為自由業的我很難形塑的一種生活浪漫。

單車
攤販

單車具有體積輕且可載重的特性，攤販會將商品固定在單車的後座，以騎行或牽行的方式沿街兜售，也因速度不快，若遇到顧客招手，隨時可以停在路邊交易商品。

在汽、機車尚未普及的時代，單車是最主要的交通工具。昔日的攤販選擇單車是為了「移動」，現在攤販選擇單車的理由，通常是為了廣告行銷上的考量，將單車改裝成富有設計感的攤車，在各活動市集裡吸引顧客的目光。

若仔細觀察還會發現，早期的單車攤販多是將攤位放置於單車後座，以運載貨物的方式前進，但現代流行的文創攤車為了造型趣味，則是把攤位設在前座。可想而知，重心在前，移動的便利性也就大大降低。從中也可以看出古今對於單車改造的重點差異。

22 水果阿婆

有次在路邊看到一位騎著單車賣水果的阿婆，因為實在太少見，我趕緊停下車向阿婆買了水果。阿婆帶著遮陽的斗笠，斗笠下包裹著黃色頭巾，手臂上套著碎花袖套，十足是早期台灣辛勤工作婦人的形象。我對阿婆說，我想拍張照留著畫畫，她一邊笑說自己很醜啦，但也提著秤桿和水果讓我拍了一張照。

阿婆的單車是俗稱的「鐵馬」，這種粗獷的單車雖沒有現代的流線造型，卻可一窺以前追求實用性的簡潔美感。單車的把手上分別綁了兩個竹簍，後方座位有個鐵籃，裡頭放著阿婆自己種植的水果。

我隨意選了一顆梨子，阿婆拿起舊式秤桿來秤重，這種秤桿一側有掛物的鐵鉤，另一側是測重的秤錘，利用槓桿原理，移動秤錘至兩側平衡後，就可知道水果的重量。這種秤桿通常只有在古物攤才看得到，如今看到有人真實在使用，心中覺得新奇又感動。

23 饅頭阿伯

1950年代，美國對台灣提供了各項援助，其中麵粉與小麥的輸入很大程度影響了台灣人的飲食習慣。在政府大力推廣下，中、西式的各類麵食在台灣開枝散葉，麵粉袋還常被改造成兒童的褲子，印在上頭的「中美合作」字樣，至今仍令人津津樂道。

當時，許多人以麵粉製作各類食物，在單車後方放置鐵箱，將熱騰騰的肉包、饅頭、豆沙包等放在裡頭保溫，就能沿街叫賣做生意了。

小時候，我特別喜歡吃豆沙包。外型做成三角形的豆沙包，裡頭包了滿滿豆沙，不知為何，總覺得眷村阿伯賣的豆沙包就是特別好吃。阿伯會牽著單車緩慢的移動，一邊操著口音大喊：「包子──饅頭──豆沙包──」這個叫賣聲與牽著單車的老闆，也許在各地的眷村都曾有類似的身影吧。

24 捏麵人

在日本有一門稱作「原型師」的職業，市面上看到的扭蛋、公仔原型，都是這些師傅運用雙手雕塑出來。我十分佩服這些師傅可以無中生有，憑空捏出兼具美感造型的作品。其實台灣也有類似的高手隱藏在民間，他們就是「捏麵人師傅」。

捏麵人師傅在單車後座設置一個木櫃充當工作桌，上面有幾個收納的抽屜，製作好的捏麵人則會插在櫃子上展示。師傅用幾種調了顏色的麵團，捏成簡單如水滴、圓形、長條的形狀，一邊運用手邊的牙籤、剪刀、牛角尖之類的工具，或戳或壓，沒一會兒功夫就變出米老鼠、孫悟空、小叮噹等各種卡通人物，讓圍觀的小孩看得嘖嘖稱奇，也成為小孩十分期待見到的攤販之一。

捏麵人通常不會拿來吃，保存期限也十分有限，對於家長來說往往只是「看看就好」，所以小孩很難有機會可以獲得，多半只有乾瞪眼的分。長大後回頭看，童年這份對於捏麵人的渴望心情，或許養成了我現在對於模型的喜愛吧。

25 香腸攤

香腸是廣受台灣人喜愛的小吃，在電影院、工地、旅遊場所等都可能見到香腸攤的身影，售價不貴，顧客可隨手買一根解饞，更衍生出以糯米腸切開夾入香腸這種「大腸包小腸」的創意吃法。

香腸攤的特色在於攤前吊掛著許多香腸，十分吸睛。烤爐上正在烘烤的香腸，油脂滴到炙熱的火炭上滋滋作響，冒出陣陣白煙與香味。光是等待的過程就極具感官享受，令人垂涎三尺。

咬下一口香腸，迸發出滾燙的油脂，絞肉的甜香布滿口中，再配上一顆刺激腦門的蒜頭，這個搭配成了數十年來不敗的組合。

香腸攤通常還會有個標準配備「彈珠台」，顧客一邊吃香腸，還可以和老闆比賽幾場，往往會吸引更多客人圍在一起鼓譟拚搏，所以去香腸攤買香腸，又有「打香腸」這個生動的稱呼。

○ 飄出陣陣焦香的香腸，光是看著就令人垂涎。

26 叭噗冰

在沒有電腦遊戲的年代，公園是孩子最重要的遊玩地點，那時的公園真是豐富，除了有猴子籠、鞦韆、水泥的大象溜滑梯，還常有各式各樣有趣的攤販。其中最讓人期待的莫過於叭噗冰了。每次只要聽到遠方「叭噗叭噗」的喇叭聲，就可以看到廣場四周的小孩開始躁動，從各個遊樂設施跳下，像奔向砂糖的螞蟻大軍，往載著叭噗冰的單車快速聚集。

單車後座通常會載著長筒狀的保冷桶，冰的口味大致是芋頭、花生、花豆這類在現在看來相當樸實的原料，可以單選一種，或是各口味一次擁有。老闆用特殊的黃銅色冰淇淋勺挖出一球球的冰放到甜筒上，再依序遞給引頸期盼的孩子。

對我來說，去公園玩耍的那天，最後若能吃到一球叭噗冰，真的是畫下了最完美的句點。而「叭噗」這個聲音記憶實在太過鮮明，久而久之成為台灣人的共同記憶，也成為古早味冰品的代名詞。

27 飯糰攤

這台飯糰攤車在後方加裝了有輪子的工作平台，不僅有較大的作業空間，也兼顧移動的便利性，可以視為一種「加強版」的單車攤販。攤位上方以棚架遮陽，避免商品直接受到曝晒，老闆通常會隨手把雜物掛在棚架下，例如寫著「幾月幾日休息」的牌子，或是抹布、塑膠袋，乍看還頗像結實纍纍的葡萄棚。

早期賣的飯糰，內餡較為單純一些，老闆先會在毛巾上鋪一張塑膠膜，舀出糯米平鋪於上，放入油條、菜脯、肉鬆之類的配料，再捏成丸狀。近年也有許多連鎖的飯糰攤，提供二十幾種配料供客人選擇，在口味上又更加精緻化了。

國中時期因每天需要搭公車上學，我早上總會賴床到最後一刻驚醒，才匆忙趕去站牌。當時最常吃的早餐就是飯糰了，常買一顆飯糰加一杯奶茶，在通勤時間時快速解決。年紀稍長後有更多的選擇，反而很少吃飯糰，近年幾次買飯糰，主要是因為登山。一天的登山行程，一早帶著一、兩顆飯糰上山，中午簡單果腹，還十分有飽足感。

28 | 豆花車

豆花是我非常喜歡的點心，由豆類加工製成，口感軟滑細膩，大都與糖水和配料一起食用。但是不同地區的豆花口感或配料又稍微不同，例如屏東的豆花口感厚實，會淋上甜甜的糖汁，再搭上花生更是絕配。但我也曾品嘗過淋上「豆漿」的豆花，味道較為中性，第一次嘗到，讓習慣吃甜豆花的我一時感到十分驚訝。

對於豆花最早的印象，大概是年幼時，會遇見沿街販賣的豆花車。通常是先耳聞「島輝——島輝——好呷ㄟ島輝」的叫賣聲由遠而近，此時仔細聆聽，會聽到周邊住家此起彼落傳出「島輝來了啦！緊去買」的命令，接著就會看見有人急忙穿鞋，匆匆從家裡奔出，伴隨著拖鞋的「啪啪」聲，一邊招著手要緩慢騎行的單車稍停，那其中一位便是我的外婆。

外婆時常趁豆花車來的時候，買個幾杯冰在冰箱；當時能吃到冰涼的豆花可真是幸福的事，每到下午都很期待豆花車出現。長大後對於豆花的熱愛仍然不減，常在吃完正餐後，繞到附近的豆花店吃一碗冰涼的花生豆花，不用五分鐘便咕嚕下肚，快速滿足嗜甜的嘴。比起現今動輒百元的蛋糕，銅板價的豆花算是C/P值很高的甜點了。

◎ 簡單的花生豆花是我記憶中的雋永滋味。

養樂多媽媽

販賣養樂多的攤車多半是三輪車，後方載著一個保麗龍箱來保冷，並搭配一把紅白相間的遮陽傘，傘邊寫了「養樂多」三字。這樣的攤販有的是二度就業的婦女，或是想要彈性兼職的工作者，通常會被統稱為「養樂多媽媽」。

養樂多大概是童年最常喝的飲料之一，小時候發音不標準，都喊「養樂兜」，記得當時一罐才五元，喝的時候總不肯好好撕開封口，更不願一飲而盡，而是翻過來在底部咬一個洞，小小口的喝。

如果將養樂多冰進冰箱，就成了現成的養樂多冰沙，從冰箱拿出來時，封口因為冰凍而鼓起，撕開封口時會馬上把嘴湊近吸吮幾次，不放過任何一滴，接著再用鐵製湯匙反著以手柄尾端戳進瓶裡挖冰來吃，同時可以享受到從冰凍到融化的口感。小小一瓶養樂多，真是帶給當年的我如此多層次的樂趣。

30 造型三輪車

在交通工具普及的現今，許多人若考量「移動」的需求，多會選擇機車、貨車等較便利的交通工具作為攤車使用，但也有些攤商刻意選擇單車，其考量已不再是為了移動，更多是為了造型的美觀。

攤販購入已改造過的單車，稍加裝飾後便可作為營業用的平台，這樣的單車造型特殊，更符合現今創意市集所需要的樣子，也常常吸引顧客爭相拍照，有些市集還會以創意攤車作為主題，招攬許多志同道合的單車攤販聚集。

這類的攤車將笨重的工作平台設計在前方，雖然造型相當有趣，但將重心放置在前方的設計，對於轉彎其實相當不便；使用久了，龍頭也會承受相當大的壓力，容易損壞。因此我們很少見到這類的攤車實際在街上遊走販賣，主要都是定點擺設，這也是單車攤販在不同世代中的改變吧。

機車
攤販

在台灣，機車是最常見的代步工具，也能攜帶少量的商品，但因無法像單車容易牽行，機車攤販通常都先是騎到定點，以「固定」的方式來販賣。有些攤販在機車後面加裝拖曳式的車廂，成為行動攤車，甚至大肆改裝，延伸機車後座，變成三輪攤車，既可快速遊走在大街小巷，也能提升載貨量，販賣更多的商品。

改裝後的機車五花八門，各具特色，但不一定合法，近年的攤販若選擇以機車作為營業平台，多會選擇現成的三輪機車，既合乎法規又兼具造型特色。

31 換拉鍊

提供修繕技藝的攤販，往往不需攜帶太多的商品，只需要簡單的修理工具，便可行走大江南北。有次在市場裡看到一位修拉鍊的攤販，以停放的機車作為依靠的據點，架起寫滿服務項目的招牌，放上兩張椅子，一張自己坐，一張擺工具，這就成為了臨時的工作站。

其實，現場修理拉鍊的老闆，自己本身就是一個活招牌了。除了定點服務，還會在不同的日子遊走於各個市場。

修拉鍊這種事，看似不重要，可需要時真是傷腦筋。好幾次遇到背包拉鍊壞掉，又不想就此買新的背包，上網查詢才發現修拉鍊的店家真是少之又少。遇見這樣一位老闆，我總是將其手藝視為一種「傳統技藝」，畢竟比起重新買個新背包，換拉鍊還是比較划算呀。

32 軍營小蜜蜂

相信只要當過兵的人，都聽過「小蜜蜂」這個名詞，這泛指在軍中操練休息時，出現在操課場地賣食物的民間店家，除了機車，也有更複雜的貨車類型。雖不知道小蜜蜂一詞從何開始，但它的確是操課時重要的「後勤補給」，也是服役官兵相當重要的回憶之一。

每次小蜜蜂出現的時候，坐在板凳的弟兄都掩不住心中的喜悅，宛若緊盯獵物的猛虎，蓄勢待發，但礙於長官還未同意，不能隨意去購買。這時長官心中其實也十分糾結，畢竟讓弟兄吃外食總會有各種顧慮，但為了犒賞弟兄的辛苦，「放點福利」也能提高士氣。

當長官勉為其難同意，一聲令下後，虎視眈眈的弟兄們就會立即「發起攻擊」，包圍攤車，把整車食物瞬間「殲滅」。記得部隊在基地演訓的陣地野營時，晚上會有小蜜蜂貨車來，那些貨車品項之多，有賣蚵仔麵線、甜不辣、肉粽和飲料，一連幾台車停在一起，照亮了沒有燈光的營地，宛若市集一般壯觀。

說到「機車」類型的小蜜蜂，最有名的大概就是在鳳山步兵學校後山出沒的「阿鳳姐」了，因為步校的後山並無圍牆，其操課或打靶場地也在其中，阿鳳姐就像裝了雷達一樣，總知道部隊在哪操課，並在準確的休息時間出現。

數十年來，阿鳳姐都只賣一顆二十元的肉粽，從未漲價，許多人都是買兩顆肉粽擠滿甜辣醬，再加一罐飲料，就是最完美的加菜了。阿鳳姐總自豪許多將軍在當小官時都吃過她的肉粽，也許對有些人來說，這些不都是很平常的食物嗎？但你們不懂軍人的心情，小蜜蜂對我們來說是一種「救贖」，我們吃的不是肉粽，而是一種自由的味道呀。

33 臭豆腐

臭豆腐絕對是極具存在感的一道小吃，儘管它的氣味讓許多外國人避之唯恐不及，甚至視為一種「獵奇食品」，但對於台灣人來說，可一點都不覺得排斥，甚至覺得這種味道愈「臭」愈好。經過發酵的豆腐油炸裝盤，淋上特製醬汁，再放上一大把台式泡菜，外酥內嫩的豆腐加上清甜爽脆的泡菜，就是最適合在午後或宵夜享用的美食。

這台臭豆腐攤車的前半部是機車，後半部則拼裝了兩輪的車廂，攤販利用後面的空間烹煮與營業。這類行動攤車在台灣隨處可見，但老實說，這樣的拼裝車多屬於不合法的改裝車，無法取得牌照，攤販營業的同時，也要冒著被開單的風險。也許從法治的角度來看，此舉不一定是對的，但生活就是這樣，大家都在夾縫中求生，盡可能取得彼此的平衡。

○ 炸臭豆腐與清爽的台式泡菜是絕配。

34 ｜ 行動五金車

在現今便利的城市生活中，想買生活用品，家裡不遠處就有專賣的大賣場，想得到的商品應有盡有。但回過頭來看，以往沒有這麼多大賣場，家家戶戶要買家用品，大都要倚賴這類在大街小巷遊走的行動五金車。

行動五金車是以機車加裝車廂的改裝車，攤販在車廂塞滿了各式各樣的商品，這樣還不夠，車廂後加裝了突出的鐵架來吊掛掃把，上方的遮陽棚不僅遮雨，車頂還捆綁了鋁梯與晒衣竿，固定用的鐵架七橫八豎焊接在車廂四周，看起來搖搖欲墜，令人捏把冷汗。

商品的五顏六色替車子增添了不少色彩，像是用生活用品拼裝成的花車。這樣的畫面，總會讓我想到電影《瘋狂麥斯》（*Mad Max*）裡面的改裝車。老闆究竟是有怎樣的「狂想」，才有辦法把車改裝成這個樣子？

35 磨刀車

「磨剪刀——磨菜刀——」操著台語的廣播聲持續在街上播放著，我往聲音的方向望去，看到了一台顏色繽紛的攤車。老闆坐在攤車後方，正專心磨著刀，除了磨刀服務，棚架上也可以看到整齊陳列的各類刀具，讓客人依需求選購。

老闆在遮陽棚四周綁滿了各種顏色的布條，頗有泰國五彩繽紛的風味，攤車一旁貼了一個「春」字，這些小地方讓我覺得老闆是個相當注重細節與美感的人，十分重視攤車的外表，或許就像我們開著炫酷跑車出門炫耀一樣，誰說開攤車不能有同樣的心情呢？如果攤車的主人都抱著這樣的態度布置攤車，攤車就像是移動的裝置藝術，我們根本不用等到花車遊行，平時在路上就可以看到了。

磨刀車以隨機的方式在路上遊走，偶爾遇到住戶招手，便會臨停在門口，以車廂作為作業台開始服務。我心想，磨刀車一定要開得很慢，否則想磨刀的住戶若從家裡拿著刀具緊追出來，那個畫面可真是太嚇人了。

36 深夜麵攤車

有次探訪基隆有名的崁仔頂魚市，除了令人大開眼界的魚市風景，讓我印象深刻的，是停放在慶安宮門口的一間深夜麵攤車。

攤車的造型十分有趣，動力由機車來牽引，後方加裝了攤位，兩者渾然一體，宛如馱著殼的蝸牛。攤子主要的展示櫃裡擺放了小菜與香菸，一旁則嵌入特製的煮麵鍋，攤子四周有折疊式的小桌，攤開可作為平台，收納則成為護欄，上方的棚架又加裝了一個空間，用來收納免洗碗之類的雜物。能這樣充分運用空間，真可謂是「全能收納王」呀。

魚市營業的時間是凌晨，當時正值冬天，攤車被湯鍋瀰漫的蒸氣圍繞。我走近攤車，望著沒有寫價錢的菜單，隨意點了一碗油蔥乾麵和餛飩湯，老闆娘立刻現包四顆餛飩丟進湯鍋，在等待的同時，不時有到魚市進貨的工人來這裡買菸或買飲料，見老闆娘在忙，便自己打開保麗龍盒拿飲料，並把零錢放在桌上，攀談幾句就離去。

沒一會兒，我的餐點送到。喝下一口熱湯，大口的將帶有點油蔥酥的乾麵扒進嘴裡，忽然可以理解這個麵攤對這些工人的重要。在寒冷的天，上工前若能這樣喝一碗熱湯，快快吃完一碗麵，不只是暖胃，連心都暖了。

之後我又數次造訪魚市，每次都會再去吃一碗麵，對我來說，這個味道已經成了崁仔頂的味覺記憶，每每都要再回味那個寒冷夜裡的感動。

37 客家熱麻糬

這台熱麻糬攤車與一般的改裝機車不同，攤子前方是用三輪機車來牽引，並不像一般改裝車是結合在一起。由於位處基隆，機車前方可以看到常見的大風鏡。機車後方載著一個收納箱，箱邊掛著幾隻電動牙刷，寫著一組兩百元，這也許是老闆兼營的外快。

攤車的黃色招牌相當醒目，對比的顏色很容易吸引路人的目光。攤子上的鐵鍋打開，裡頭是熱騰騰的麻糬，一旁則放著三個收納盒，分別裝著紙碗、花生粉和芝麻粉。仔細看的話，還可以看到每樣東西都用細鐵絲固定，避免行車時掉落。棚架上綁了兩把捲起的紅色雨傘，以備不時之需。這種改裝攤子的有趣之處在於有許多不易發現的小巧思，老闆應該是一個細心、有條理的人吧。

38 造型嘟嘟車

文創市集裡時常見到許多樣式新穎的攤車,有些人把類似泰國「嘟嘟車」的造型機車改造成攤販,前方的駕駛座可以遮陽避雨,後方的展示櫃美觀又兼具便利性,有趣的造型更是廣受顧客喜愛,吸引群眾紛紛拍照留念。

我們時常只考慮到交通工具的「載運量」,卻常忽略了開攤的便利性,試想如果攤販到定點後還要花許多時間陳列或撤收,無疑是增加營業上的困難。這類的三輪攤車除了機動性不減,所需的擺設都已固定在車後,老闆只需將機車騎到定位,就幾乎完成開攤,也不需要再另外架設桌子,這對於攤販來說,的確是一種相當方便、實用且兼具美觀的好選擇。

貨車
攤販

攤販如果要講求載運量，開車就是最好的選擇了，車子本身具有裝載量大的優勢，有些攤販會將商品擺放在車上，當成行動攤車，也可能會視業態需求，把後車廂改造成儲物區、作業區或展示區，到了定點後打開棚架、稍作整理便可開攤，宛若「變形金剛」一般。

在商店還不是那麼普及的時代，許多攤販也會開著貨車穿梭在巷弄，並用喇叭反覆播放宏亮的叫賣聲，這種聲音記憶成為許多人特殊的情感回憶。如今都會區雖然商店林立，在偏遠鄉鎮仍可看到這類貨車。

近年也有許多攤商花大筆資金改裝車輛，改頭換面的特殊外觀也讓貨車成為品牌的形象代表，在活動場合更是吸睛。但這類改造的貨車有些並不一定完全符合當前的法令，每年驗車時，常要想方設法通過檢驗，且造價並不低廉，這也是改裝貨車的難處之一。

39 ｜ 行動果菜車

這樣的果菜車大概是貨車攤販最原始的模樣，以往或許不太重視外觀的改裝，也不會訂製什麼展示櫃，只在後車廂加裝伸縮的棚架，並將產品堆在車後，運送至市場販賣。到了現場將棚架張開，充當遮陽棚，車後堆積如山的果物則供顧客自由挑選，隨著季節不同，在市場也會看到販賣當季農產的小貨車。

有些老闆會自製手寫看板，以具有個性的手寫字寫著產品的名稱與價格，隨意吊掛在車子四周；高低多彩的看板意外形成一種錯落的美感，歪七扭八的手寫字也頗有一種「拙趣」。我特別喜歡記錄這樣的手寫招牌，這種純樸的美，至今在各地的市場裡都還能看見。

40 修理紗窗發財車

紗窗、紗門應該家家戶戶都有，損壞的機率雖然不大，但只要破了一個小洞，聰明的蚊子就會趁夜裡鑽進這個破洞，到我們的耳邊碎念，再留下幾個紅腫的包離去。

修理紗窗、紗門雖然看似簡單，但買修繕材料勞神傷財，想把紗窗裝得整齊硬挺也很看技術，所以這時候如果聽到門外響起「修理紗窗、紗門，換——玻璃」的廣播聲，就宛如遇見救星。

這類提供修繕服務的發財車相當有意思，老闆不僅能修理紗窗、紗門，換玻璃，甚至也兼做換門鎖的服務。後車廂極具巧思的分成不同隔層，上方用滾筒收納塑膠壓條，一旁有抽屜集中零散的工具，車子中間設計了A字型的架子，整齊收納成捲的紗窗等備材，且A字的傾斜角度方便兩側雜物向內傾靠。除此之外，老闆更是充分運用車體各個角落，寫滿了廣告與電話。從這些細節去觀察，不得不佩服老闆的巧思與用心。

若有顧客上門，老闆將車靠邊停妥後，會從車廂拉出一塊木板，一側架在貨車後方，另一側以支架撐起，就變成現成的工作桌，馬上可以幫客人解決難題。這種細心又立即的服務方式，也難怪至今仍歷久不衰。

41 牛仔服飾車

印象中牛仔褲的定價通常不便宜，動輒上千元，但夜市看到的服飾攤往往可以開出意想不到的價格，一件竟只要兩百九，親民的價格吸引了許多小資族，也廣受工作需要耐磨衣物的工人青睞。

牛仔服飾車首先吸引我的是高掛的燈具，兩盞黃燈在夜裡形成焦點，且黃色的燈光照在藍紫色的牛仔褲上，融合成十分微妙的色調。老闆在燈架上懸掛了幾件牛仔褲，以實物作為廣告招牌，一旁的帆布旗幟直接寫上售價，這樣的擺設簡單直率，是最在地的庶民美學。

後方的貨車堆疊了滿滿的牛仔褲，老闆在車廂一側架設了桌子，陳列衣物供顧客選購。桌面放著一台老舊的縫紉機，看起來身經百戰，縫紉機作為這類服飾店的特殊符號之一，不僅象徵老闆功夫老道，更提醒顧客有代為修改的超值服務，若顧客覺得褲腳太長，老闆便馬上為其量身修改。這種貼心又立即的服務，是許多大廠牌或是網路店家難以提供的，我們現在買衣服大都在品牌店購買，但昔日這類的服飾攤，可能才是多數家庭的首選。

42 行動鋁梯車

有次在路邊聽見遠方傳來「賣──樓梯喔，賣──阿嚕米（鋁）樓梯喔」的廣播聲，一台載滿鋁梯的貨車，以極緩慢的速度在巷子裡前進，我趕緊拿出手機錄下難得的畫面。貨車上方的鋁梯堆疊近乎車身的兩倍高，並用繩索交叉緊緊捆綁。這類攤車似乎都在挑戰貨車載運的極限，不禁令人捏把冷汗。

鋁梯本就是難以載運的器具，若要自己上街購買也很麻煩，過往這種隨機在社區穿梭的行動鋁梯車，正好解決用戶在搬運上的困擾。在生活機能相當完善的現代城市，想買什麼東西基本上都可以輕鬆購得，甚至透過網路宅配到家。民眾的消費習慣改變，如今也愈來愈少看到這類的移動貨車了。

也許有些人會覺得沿路放送的廣播聲很惱人，但換個角度想，這個叫賣聲也是一種即將凋零的生活記憶，加上貨車路線不定，錯過這次或許就再也沒有機會聽到。下回遇見它，你會拿起手機，把經過的鋁梯車身影記錄下來嗎？

43 烤地瓜

對台灣人來說，地瓜是變化多端的食材，可以運用各種烹調方式，搭配甜、鹹口味都行，不論是火鍋、甜品、生菜、炸物裡頭都可以見到它的身影。

年幼時，我家附近可以看到田地，孩子特別喜歡「控土窯」，將一顆顆泥球堆砌成土窯後，將地瓜放進去悶烤，等待的時間則會到一旁抓蟲、玩土、釣青蛙。等到地瓜悶熟，從土窯裡挖出，撥開表面的泥土再撕開地瓜，頓時冒出陣陣白煙。甜香夾雜著土壤與碳烤的香味，與童年的玩耍回憶緊緊連在一起。

長大後，雖難有機會再控土窯，但仍可看見烤地瓜的攤販。這類攤車多半會有一個烤窯，裡頭放了許多已經烤好的地瓜，客人可以選擇自己想吃的大小，秤重付費。

貨車的後車廂放置了烤窯和各類貨物，一旁的菜籃裝著生地瓜，老闆將頂棚改裝挑高，讓原本低矮的車廂可以容納一人站立在其中作業，上方架起遮陽棚，等待時可以稍作休息。近年流行將車廂改造成露營車，許多人覺得一個車廂能夠容納各種功能是件很浪漫的事，其實過往這些行動攤車就在落實這樣的想法，換個角度想也是一種浪漫。

44 東山鴨頭

東山鴨頭會有「東山」兩字，據說是源於台南東山。乍看與滷味有些雷同，但東山鴨頭除了用滷汁滷過，還會再油炸，最後再撒上調味料和白芝麻，味道偏甜。許多老饕喜歡啃鴨頭，品嘗各部位的滋味，但對於較少吃動物器官的我而言，米血與甜不辣之類的配料才是最愛。

這類的攤車就像是行動廚房，停妥後只需將車體四周的篷布捲起就可營業。攤車雖小，卻五臟俱全，頂棚上方加裝了招牌，在有限的車廂空間裡設置了陳列架與作業空間，陳列架還刻意設計成有些傾斜，上面擺放了形形色色的食材，使客人一目了然。

顧客將食材夾進籃子交給老闆，老闆即可在一旁的油鍋油炸，油鍋旁通常還會加裝排煙管，將油煙導向其他地方。

這類攤車通常就在道路旁開張，若再加上排隊的顧客與臨停的機車，難免會造成用路人不便，油煙有時也會引發附近住戶不滿，時而有檢舉的狀況。如今這類攤車多轉戰夜市，繳交租金在規定的地方營業，這樣一來，攤販經營上更心安理得，同時也改善了市容與道路秩序。

45 行動麵包車

年紀小的時候，晚上不能隨意出門，住家附近也沒什麼商店。晚餐後的時光，讓我最心心念念的，就是「麵包車」了。

麵包車通常是以八人座的得利卡（Delica）廂型車改裝，攤販將後座拆掉，改裝成一層層的抽屜式鐵架，便於擺放產品與展示麵包。車裡加裝了黃光燈管，使麵包看起來更為可口，車子在夜裡行走時更引人注目。

麵包車駛進巷子裡的時候，會以英文老歌《紅河谷》（Red River Valley）作為背景音樂，一邊大聲播放「麵包車很高興在此為您服務，我們有菠蘿麵包、豆沙麵包、肉鬆麵包……請趕快來參觀選購」的叫賣聲。我一聽到這個熟悉的聲音就會相當興奮，和家人吵著要買麵包。

老闆在深夜打開麵包車的後車廂時，就像開啟寶箱，裡頭的麵包宛如閃耀奪目的財寶，個個都閃閃發光，看得我垂涎欲滴。口味單純的菠蘿麵包和肉鬆麵包是我的最愛，外表像貝殼、裡頭擠滿巧克力奶油的海螺麵包，或表皮塗了巧克力、內餡卻是草莓果醬的巧克力麵包也都讓我吃得津津有味。現在想想，童年能獲得的東西雖有限，但反而能珍惜許多枝微末節的小事，留下了許多快樂的記憶。

46 感情蘿蔔粄

在中、南部的市集時常可以見到這台紅白色的餐車，車子側邊寫著「NO.28 DINNER CAR」是紀念老闆創業的年紀。老闆最初以漢堡起家，後來經過多方嘗試，以外婆家傳的蘿蔔絲餅加以改良，研發了「感情蘿蔔粄」這個新產品。

「是蘿蔔糕嗎？」這大概是最常被顧客詢問的問題了。其實蘿蔔粄與蘿蔔糕的外表大相徑庭，是以白蘿蔔絲、蔥花、草蝦漿泥和成的粉漿下去油炸的煎餅，口感外酥內軟，撒上胡椒，再沾點老闆特製的檸檬醬油更是美味，之後還研發了年糕、地瓜、栗子等新口味，深受顧客喜愛。

原本是八人座得利卡的餐車，改裝後使兩翼可以往上升降開啟，車內設置了置物櫃與油炸的工作台，後半部則運用有限空間做了許多裝飾，放上布偶並掛上寫著「感情蘿蔔粄」的門簾。

相較於早期的發財車，現在的行動餐車更注重外觀的設計。在創意市集裡時常可以見到許多造型有趣的餐車，明亮美觀的外表不僅給消費者一種乾淨的形象，也能成為鮮明的品牌象徵，雖然所費不貲，但仍有許多業者願意咬牙裝修，畢竟在百家爭鳴的市集裡，如果外型不醒目就很難吸引顧客。

PART

2

露店
開張

一塊布、一張桌，再搭配兩把椅，
小小的露店就能開攤營業。
善用每一寸空間拼湊堆疊，
這就是街商攤販的生存與生意之道。

席地
設攤

攤販攜帶少量商品，運送至定點，以帆布或紙
箱作為鋪墊，將商品擺放在上方，席地而坐就
可以開始營業。

地攤比起一人持物兜售的營業方式，能陳列的
商品數量較多，種類更為豐富，也不需移動位
置，屬於十分簡便的擺攤方式，許多攤販為了
培養固定客群，也會選擇在固定的地方擺攤。

但擺放在地上的商品或許有衛生上的顧慮，也
有人認為在路邊席地而坐的攤販使市容變得凌
亂，這些問題在近年都引起許多討論。但不論
如何，這類的流動攤販帶著一種純粹的胼手胝
足奮鬥精神，仍是十分有生活感的台灣風景。

47 青菜攤

市場的周邊時常可以看到許多賣菜攤，在路邊或是人行道旁鋪上帆布或攤平的紙箱，席地而坐，販賣自家種植的蔬菜。

這些攤販對於熟客的喜好習慣十分了解，甚至可以預測客人要買什麼商品。顧客買菜時也可以請教攤販某種菜該怎麼料理，若需要較少的蔥薑蒜，還能少量購買，攤販有時也把這當作附贈的心意。有些老闆枯坐一整天，只為了等菜賣完，坊間不時看到好心人，為了讓攤販早點回家，把剩下的一點菜都買完的善舉。

整體來說，攤販經營的是一種帶有人情味的生意，除了賺錢，無形中也提供舒適愉悅的購物體驗。攤販與顧客之間的關係不僅是交易，也有相互扶持的關係，這種人情味也成為攤販的獨特魅力之一。

雖然現在的社會中，超市已是相當普遍的存在，但賣菜攤新鮮且實惠的價格、客製化的服務、富有人情味的互動，大概是這些攤販難以全然被超市取代的原因之一吧。

48 鮮魚攤

有些臨海城鎮的市場，早上會見到一些婦人，將前一晚自家補釣的漁獲帶到市場兜售，屏東的小琉球就很常看到這樣的賣魚婦人。

幾位婦人鋪開綠色防水帆布，並肩而坐，在橘色方形水桶上放置鐵盤來陳列新鮮漁獲，若顧客有殺魚、分裝等需求，攤販放在一旁的小砧板馬上可以代為處理。顧客買魚的當下，有時會順便詢問魚肉要怎麼烹調，或該買怎樣的配料，身為主婦的攤販也都能夠輕鬆應答。

市場裡充斥著歡笑與聊天聲，攤販彼此大聲閒聊家裡的瑣事，一邊與顧客像是鬥嘴互開玩笑的討價還價。與其說這些婦人是攤販，倒不如說是街坊鄰居相約出門賺外快，這種吵吵鬧鬧的歡樂氣氛也是早市的有趣之處。

49 海邊寄居蟹攤

當海灘成為觀光景點，常因此衍生出新商機，攤販除了來此地賣飲料，也販賣許多與海洋相關的紀念品，例如將海灘上的「星沙」分裝成罐，吸引遊客購買，甚至成為當地的特產之一。有業者在貝殼上裝塑膠吹笛，成為美觀又富有趣味的玩具；在海邊撿拾的巨大海螺就像天然的藝術品，有些顧客會買回家當作擺飾，也成為商品之一。

海洋紀念品之外，早期還有不少攤販在海邊捉寄居蟹來販賣。小時候每到海邊，寄居蟹攤總會吸引我蹲在一旁，遲遲不肯離去，一邊觀察寄居蟹伸出的小腳，一邊向父母投射出「拜託，幫我買」的閃爍眼神。父母總是理性告誡「這個買回去一定養不活」，但有幾次還是讓我買了回家。

沒過多久，等到寄居蟹需要換殼時，因為沒有適當的殼，我還試圖拿餐桌上吃剩的螺殼給牠「搬家」，想當然爾，沒多久就全部歸西了。近年來，海邊似乎已經愈來愈難撿拾到寄居蟹或海螺，加上民眾的環保意識日漸抬頭，對於這樣的行為也有些反思。如今，寄居蟹攤也愈來愈少見了。

50 《大誌》雜誌

《大誌》雜誌源於英國的《The Big Issue》，2010年後在台發行，主要的販售者是街友或社會上的弱勢族群，通常可以在車站附近見到他們的身影。透過這樣的銷售行為，提供弱勢族群一個工作機會。

第一次在街頭看到販賣雜誌的無家者，醒目的橘色背心，販售著文青風格的藝文雜誌，這個畫面真的是顛覆了我對於無家者的刻板印象。了解這種銷售方式的背景之後，又對其想改變的美意而感動，更願意花錢購買雜誌來支持這樣的行動。

雖然這樣的商業模式也引起許多探討，有人質疑這是否在「利用」街友博取關注，也有人認為若販賣者不是街友，購買意願說不定更低。但凡事總有正反兩面，我認為《大誌》的銷售出發點還是良善的，若能讓弱勢族群有機會自食其力，從中獲得成就感，也是很重要的社會支持系統。

51 街頭藝人

在人潮聚集的觀光區或各類市集活動中，經常可以看到街頭藝人的表演，有的唱歌，有的雜耍，也有的裝扮成雕像與民眾互動，項目五花八門，展現出表演藝術在台灣的自由。

這類表演者，其中也有少數身障或是弱勢的族群，以卡拉OK音響作為伴奏，分享美妙的歌聲，吸引不少圍觀群眾，不少人感動其積極工作的精神而給予打賞。

街頭藝人的攤子前往往會放上打賞箱，供民眾隨喜付費；如果是受到市集單位邀請，有可能也事先收取一定的費用。然而，對表演者來說，表演工作往往入不敷出，有時到外縣市表演，其收入根本無法負擔住宿及車馬費，但為了表演機會，也只能背著吉他、帶著裝備，不停在各地奔波。

與其說街頭藝人為了賺錢，也許更希望自己的才華能被人看見，期待透過一場又一場的表演，吸引更多觀眾，甚至遇到欣賞自己的伯樂。我想，這種一股腦追夢的行為，若沒有強大的信念，是很難支持下去的。

桌椅
陳列

有些攤販可能直接擺在自家門前，或是搭配短期的活動，在夜市、市集等相對符合規定的場所販售。因為不需移動且安全無虞，這類攤販便會搭配桌椅或陳列架等設備來營業。

有的攤販拉來椅子，提供客人定點服務；也有攤販善用摺疊桌、收納箱來擺放商品，讓顧客更易於「挑挑看，選選看」。桌椅、掛架等設備可以選擇簡單輕便好拆收的款式，也可以走質感路線。對於攤販來說，擺攤方式沒有標準答案，隨機應變、因地制宜才是生存之道。

當然其中有為了節省租金，將攤位設置在道路、騎樓、人行道旁的攤販，這類違規行為大家似乎見怪不怪，警方偶會執法，但也不願趕盡殺絕，與攤販一來一往形成某種默契，彷彿是一種社會的潛規則了。

║ 52 ║ 按 摩 攤

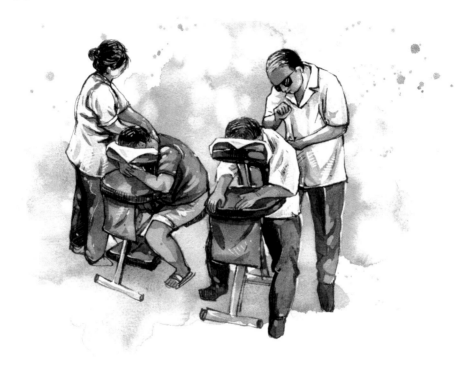

之前去日本旅遊，常在機場看到精緻迷你的按摩攤位，提供十至三十分鐘不等的按摩服務，許多舟車勞頓等待搭機的旅客，若時間允許，常會前往「鬆一下」。

這類的按摩攤在台灣也時常可見，不論是捷運站、觀光區都能看到他們的身影，按摩業者往往是找個較大的空地，在牆上或路邊掛上寫了收費方式的布條，再擺上幾個營業用的按摩椅，就算是個臨時攤位了。

但台灣按摩攤特別之處在於，這類攤位經常結合「社會救助」的功能，多會僱請視力不良者來提供服務，增加其就業機會。據我的經驗，視障人士多半可更敏銳感受客人的身體狀況，針對痠痛部位準確進行按摩，品質不輸一般的按摩師傅。

最令我覺得有趣的是特製的按摩椅，造型符合人體工學，按摩時顧客可以舒服的將臉埋進中間有孔洞的靠墊，手也可以順勢放在前方。有些人覺得在路邊按摩令人害臊，但其實頭都埋在靠墊上，根本不會看到路人的目光，就別太在意這個枝微末節。對於我這種常年肩頸痠痛的藝術工作者，光顧按摩攤算是我少有的娛樂之一了。

53 挽臉攤

原以為挽臉是種「退流行」的技藝，沒想到至今仍可以在市場或街頭見到這樣的攤販，台北士林的文林路就有「挽臉一條街」的稱呼。挽臉師傅會在顧客臉上塗抹白粉，接著以口銜住細棉線，再用一種特殊的手法一拉一扯，使棉線在顧客臉上摩擦，用「絞」的方式將臉部細毛拔掉，並去除角質層。

市場裡的挽臉攤不僅能幫人挽臉，還能兼修指甲、腳皮、眉毛之類。這似乎方便了不少主婦，到市場買菜時，也可以順道做個美容保養。

為了感受挽臉的感覺，我在基隆的仁愛市場找了一間挽臉攤體驗看看。師傅先是讓我戴上髮箍，圍上圍巾，接著在我臉上鋪滿白粉。正當我期待師傅展現「口叼棉繩」的古老絕學時，沒想到她緩緩拿出電池，裝進電動挽臉棒，挽臉棒呈現Y字形，前端有細線，只要在臉上摩擦，就會以規律的速度除毛。雖然我的心裡大失所望，但老闆說她用挽臉棒至少二十年，現在已很少人用傳統方式挽臉了。

挽臉並不如想像中痛，不過進行到拔眉毛時，師傅彷彿正在為今晚要吃的東坡肉拔毛，絲毫不留情。臉上塗滿白粉的我雖不能語，但雙眼緊閉，眉頭深鎖，藏在鞋裡的腳趾也不自覺的緊緊弓在一起。

結束後，抹去臉上的白粉，師傅幫我塗上蘆薈膏，並囑咐一小時內不要洗臉，過程大約二十分鐘，收費三百元。成效如何？對我的粗糙臉皮也許效果不太顯著，但除去了雜毛，臉色似乎明亮許多，是一次相當有趣的經驗。

○ 白粉、棉線、小剪刀等，是傳統的挽臉工具。

❲ 54 ❳ 洗腳攤

海灘旁常會有玩水的遊客，上岸後腳上沾滿沙子，必然需要簡單的盥洗，這就衍生出「洗腳」的商機。有些店家會從他處引水到海邊，或是放置大型水桶，提供淡水洗腳收費的服務，每次二十元不等，遊客眾多，積少成多也相當可觀，規模大的店家甚至會搭設簡便的盥洗室，讓遊客沖洗身體。

有次在小琉球的港邊看到這位阿婆的攤位，首先映入眼簾的是幾個大水桶，前方放了「免費洗腳」的牌子，水桶旁則有個搖搖欲墜的老舊木桌，桌上的保麗龍箱裡頭裝著自製的飲料。再搭起一個遮陽傘，就成為一個可營業的攤販了。

阿婆較為佛心，用水桶裝了好幾桶水，將牛奶罐切半作為水瓢，免費提供淡水洗腳。但大家都能猜到阿婆「醉翁之意不在酒」，通常遊客洗完腳，也會順便向阿婆買一些飲料來喝，算是一種雙贏的行銷方式，從這裡也能看出攤販含蓄又充滿人情味的行銷手法。

55 沙畫攤

沙畫攤販經常在公園的空地擺攤，不只因為聚集的小孩是主要客群，隨處都有的綠蔭也是最佳的遮陽場地。許多攤販不僅販售沙畫，還會兼賣吹泡泡玩具、魚飼料或飲料之類的商品。攤販會將沙畫樣板陳列在路邊供小孩挑選，一旁則零散的擺放許多板凳，以及裝了不同顏色沙子的小臉盆。

業者販售的沙畫樣板印著線條簡單的卡通圖樣，上方覆蓋著貼紙，每個區塊壁壘分明，只要用牙籤一次挑起一部分貼紙，露出已經上好膠的表面，再撒上臉盆裡的色砂，讓色沙黏著在樣板上，就可以輕易完成一幅色彩斑斕的沙畫。至於顏色該怎麼搭配，並沒有標準答案，完全考驗個人的配色美感。

沙畫的操作方式十分容易，吸引了許多小孩，甚至連大人也常共襄盛舉，忘了自己是來陪小孩玩的。

56 街頭人像畫

提到畫人像，許多人第一個想到的地方不是畫室，常常是「淡水老街」！也許是因為老街發展觀光，所以便聚集了許多幫遊客、情侶記錄美好回憶的人像畫攤。這類攤子旁通常都會擺放已完成的作品，描繪的對象除了情侶、寵物，明星畫像更是不可少，顧客才能以熟悉的對象判斷繪師畫得像不像。不同的街頭繪師風格各異，寫實、Q版都可駕馭，當然，畫工愈細膩，價格也愈貴。

街頭人像畫的有趣之處在於，繪師創作的當下也是一場「秀」，常吸引許多遊客圍觀，若愈多人聚集，愈能帶來人氣與商機。可是被畫的人一直被遊客觀看，心裡可就尷尬了，經驗老到的繪師不僅要能快速描繪對象，為了讓顧客維持笑容、打破尷尬與無聊，還要一邊與顧客談笑，若顧客實在不願花太久時間坐在現場，在手機普及的現今，也可讓繪師拍下相片作為參考，便可離開去逛街，等到回程時再來取畫。我覺得這些願意在街頭作畫的繪師，個性中都有隨機應變與樂於分享的特質。

大學時期的我，有段時間為了賺外快，也在網路上接案畫Q版人像，所以大概能理解接案者的心情。如今，若是出國或在路上看到人像攤，有時我也會請繪師幫我畫像留念，一方面是幫辛苦的藝術同業捧場，也能夠收集不同風格的似顏繪，成為樂趣之一。

人像Q版200　廈(景)明信片20

對我來說，買蛋的經驗多是超商架上一盒十顆的包裝。第一次看到蛋攤，心中還微微一震，驚覺怎麼有人專職賣蛋？但對時常上市場的菜籃族而言，在蛋攤挑蛋秤重可能才是經濟實惠的作法。

蛋的種類繁多，除了我們常見的雞蛋、鴨蛋、皮蛋、鹹蛋，甚至還可細分為烏骨雞蛋、土雞蛋、初生蛋、白殼紅仁……老闆將各類蛋裝在塑膠菜籃裡，堆疊起來就成了現成的桌子，再掛上手寫的招牌來做分類。

有些賣蛋的業者還會提供現成的滷蛋或水煮蛋，我甚至看過將熟蛋黃與滷蛋白分售的服務。好奇問老闆怎麼會有這樣的賣法，老闆說有些人製作蛋黃酥只需要蛋黃，有些人想要多吃蛋白質又不想攝取太多膽固醇，就會買滷蛋白，這尤其是健身人士的最愛。

記得過去有次體檢體重過重，我有段時間勤於減重，常購買滷蛋白搭配飲食，複檢時體重明顯減輕。和醫生聊到滷蛋白這個好物，一旁的護士小姐聽了眼睛都亮了起來，還直追問我是在哪裡買的。

2023年初，台灣面臨缺蛋風波，蛋價屢創新高，甚至還要從外國進口。從沒想過日常無虞的蛋有天竟也成了民眾熱議的風口浪尖，圖中的蛋價意外變成歷史的一個紀錄。

58 香蕉攤

高雄旗山是盛產香蕉的地區，旗山老街兩旁的紅磚街屋相當適合寫生取景，每到假日更是擠滿了遊客與攤販。有些店家以香蕉蛋捲、香蕉蛋糕著稱，吸引了許多遊客購買。這幾年造訪了許多次，是我相當喜歡的街區。

除了老街本身，我更喜歡繞到旁邊觀察一些在地的生活樣貌。有次看到一個有趣的攤販，攤子前方擺放好幾個紅色的看板，與桌面上綠色的香蕉形成顏色上的對比，上方架了遮陽的雨傘，後方則有一面意義不明的相片牆。老闆悠閒的坐在攤後翻閱報紙。

當我仔細閱讀看板的內容，發現主要的標題寫著「香蕉15元起」，其餘的小字是許多強調香蕉功效的內容。推銷香蕉外，每塊板子上方還寫了「阿彌陀佛」，賣東西順便宣揚佛法，甚至提供「痔瘡、富貴手、乾癬」等免費諮詢服務。看老闆這麼悠閒自在的賣著香蕉，一時也摸不著這葫蘆裡賣的是什麼藥？從經營的態度和手寫看板的內容，對於老闆的個性似乎也能窺見一二。

59 菱角攤

驅車前往屏東墾丁時，經過省道台一線南州段一帶，筆直的道路右側會有許多賣菱角的攤販，綿延約五百公尺。因為畫面太特殊，還有「菱角一條街」的稱呼。

攤販們頭戴遮陽帽，手裡拿著扇子搖晃，一邊吸引來車，一邊為自己搧風。有些前往墾丁的車主會臨停在路邊，搖下車窗探頭購買，為了迅速交易，每袋菱角或花生都已秤重並用塑膠袋分裝好，均價一百元。

綿延的菱角攤規模大小不一，有些設置於樹蔭下，有些搭了遮陽傘，但共同點都會有手繪的菱角招牌，大大的菱角圖案給過路人強烈的視覺印象。但這個圖案也曾鬧過笑話，黑色的菱角的造型酷似「蝙蝠」，讓不諳菱角的外國人以為這裡怎麼沿街在賣蝙蝠，成為網路盛傳的笑談。

有趣的是，這裡雖廣售菱角，卻不是菱角的盛產地，多數菱角仍是從台南官田、白河批發過來，這種趨勢的由來已不可考。近年公路總局認為菱角攤販占據了公家的土地，且在路邊販售可能影響交通，進行大規模的勸離，即使有些攤販仍打著貓抓老鼠的游擊戰，但今已很難見到過去的榮景了。

60 內衣攤

夜市或是傳統市場裡時常會看到販售內衣的攤位，特點是主打工廠直接進貨，價廉物美，因此總吸引了許多路過的主婦購買。

攤位上吊掛著許多半身模特兒，穿上五顏六色的展示內衣。懂得行銷的老闆在標示上格外用心，寫著「賠售」、「超集中」等字樣，或是將最低價放大來吸引顧客，但樣式較美的商品售價仍是較貴。在這些攤上也常看到同為女性的老闆用自身經驗推銷，告訴客人：「這個布料一定好穿，我自己也都是穿這個啦！」顧客往往容易被這樣的說詞所打動。

但對於身為男性的我來說，從小就認為內衣攤帶有點情色的曖昧感，遇見時總是害羞低頭快步經過，不敢多加駐足。直到長大成人，雖知道購買內衣是再正常不過的事，卻仍擔心被人認為別有意圖，依然不敢多看，更別說拍照取景，內衣攤宛如市集裡最令人害羞的存在。

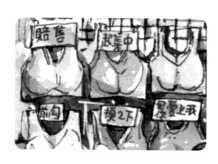

○ 看似大膽的標示語彙，其實充滿老闆的雙關巧思。

61 日用品雜貨

台灣各地都有連鎖商場或是五金百貨，更不乏許多價廉物美的「十元商品店」，是省吃儉用的小資族與學生黨的最愛，但在那些商店尚未普及前，夜市裡早就有標榜低價的日用品雜貨攤了。

這種雜貨攤有個特點，攤販會將商品以價格分區陳列擺放，從兩元到二十元以上都有。主要的產品以小物件為主，如髮箍、梳子、鏡子等各類飾品，或是樟腦丸、抓耙仔、肥皂、毛巾等生活用品，其中也會夾雜一些稍微高單價的商品，如捕蚊拍之類的電器，種類繁多，應有盡有。

記得年幼時，我很喜歡流連在這樣的攤前，一方面是對於多樣的商品感到好奇，其價格也讓當時幾乎沒有零用錢的我有一種「有能力消費」的滿足感。

當時最常逛的大概是文具區，曾有段時間流行收集貼紙，我會買貼紙收集本，貼上各類的卡通人物與雷射貼紙，三不五時就清點自己擁有幾張，彷彿是貼紙富翁。帶有濃烈化學香氣的「香水豆」、有小天使圖案的鉛筆、又硬又難擦的橡皮擦、十元的條紋筆記本等也都是我的囊中物，至今手邊都還留著一些當年塗鴉的筆記本。這樣看似平凡的雜貨攤，其實默默支撐了許多家庭的生活，更是扮演了許多孩子在學習時不可或缺的良伴。

║62║ 算命攤

人們在生活上遇到困難或是感到迷惘時，總是希望透過各種管道來尋求解方，其中有許多人寄情於不可知的領域，透過命相、八字、紫微斗數等方式來選擇未來的方向，弭平心中的不安。

在過往電影裡，算命師給我們的刻板印象多是帶著瓜皮帽，留著八字鬍，一旁的旗子寫著「鐵口直斷」。即使到了現在，這些老師的穿著仍會帶點古味，脖子上掛著一串佛珠之類的飾品，看起來有種「道行很深」的感覺。背後也常會放一個背板，上面畫了男女的臉，臉上標記了各種痣，並註記這些痣可能會帶來破財、桃花之類的命運，建議顧客可以透過「點痣」的方式來改運。

即使我從來沒去算過命，但看到問事的民眾向算命師傾吐煩惱，忽然覺得算命師其實就像某種諮商心理師，民眾透過請益得到一種心靈的安定，也有了繼續努力下去的力量。《牧羊少年奇幻之旅》（El Alquimista）書中說道：「當你真心渴望某樣東西時，整個宇宙都會聯合起來幫助你完成。」台灣人有一種敬天的謙卑，算命攤則提供了一個信念，「準」或「不準」似乎已是其次，我們都要相信未來會更好，才有繼續走下去的勇氣吧。

63 創意手作攤

現代人追求個人風格，對於自主創作、手作風格的商品相當有興趣，創作者也希望將自己的作品展現給大眾看，於是產生各類販售創意小物的手作攤。

這樣的銷售方式之所以重要，是創作者正處於起步階段，尚未有能力擔負更大的經營模式時，擺攤正好提供一個讓創作者追逐夢想的平台。雖然擺攤相當辛苦，常要克服天氣與現場的狀況，但能夠面對面看到自己的作品被顧客喜歡，那種滿足感與成就感會成為日後創作很重要的基石。我曾經也投入一段時間在繪製創意商品，舉凡安全帽、口罩、明信片都畫過，雖然成效不彰，但回頭觀看那段自我摸索的過程，仍覺得是人生很重要的經驗。

這個手作攤販主要販售乾燥花束、陶器作品，以及手繪明信片與絲巾。擺設高低錯落，小飾品在桌面中間，大的花束在前後，彼此相得益彰，且老闆的裝扮也與商品有所呼應，從這裡便可以一窺創作者的美學涵養以及對自己作品的重視，在攤位的布置上花心思，宛如小型精品店一般。

複合
擺設

定點的攤販便於培養固定客群，也不需頻繁收
納攤位，擺攤的形式就可更加豐富，外型可能
有手推攤車的影子，或用桌椅、貨櫃、棚架等
拼湊而成。打烊時只需把用具收進攤裡，並以
鏈條上鎖，營業成本相對於店面較低。

大部分的定點攤位，就像是露天的店家，經營
上具備「店」的模式，卻又不是正統的店面，
所以在此以「複合擺設」一詞作為分類。

⎔ 64 ⎔ 小櫃子滷味

滷味是台灣常見的小吃，一般分為兩種烹煮方式，一是「加熱」滷味，主要是將配料烹煮後，淋上調味的滷汁來食用，但小櫃子滷味攤多半賣的是「冷」滷味，已經事先烹調好，放在展示櫃中，待顧客挑選。老闆會直接將滷味切塊，加上調味料。最不可缺少的配料就是「酸菜」，老闆通常會夾進一大把酸菜，不需另外加價，讓顧客有物超所值的感覺。

傳統的小櫃子滷味攤，其展示櫃還可能是木製的，像是古早的「菜櫥」，拉門也會釘上綠色的紗網，既能隔絕蟲蠅，又兼顧通風。滷味攤採用了這樣的方式，除了一股懷舊的風味油然而生，也讓「小櫃子」成為現今滷味的代名詞。

檳榔攤

檳榔有提神、禦寒的功效,愛嚼者眾,甚至有「台灣口香糖」之稱,可見檳榔之於台灣社會的普及性。

駕駛長途車的司機是檳榔攤主要客群之一,因此檳榔攤不只賣檳榔,多半還備有一種特別的商品叫「結冰水」,其實就是結凍的礦泉水。這種結冰水用途可多了,除了可作為降溫好物,緩慢退冰也可讓司機一直有冰水可喝。

為了方便司機臨停購買,許多檳榔攤會設置在大馬路或是交流道旁。而要讓司機大老遠就可看到,檳榔攤的招牌大都使用了華麗的霓虹燈管作為裝飾,在夜色中閃爍著七彩的燈光。

購買檳榔的族群多是男性,業者為了吸引顧客,常僱請貌美的女性來顧店,因此又有「檳榔西施」的美稱。西施們穿得一個比一個火辣養眼,讓經過的車主忍不住多看幾眼,有些家長甚至會告誡孩子不得觀望。

國中時搭公車通勤,下課回程途中,都會經過「六姐妹」、「你會紅」這兩間檳榔攤。一群血氣方剛的男孩總會打開右側窗戶,伸出頭向檳榔西施大喊:「修架水喔!」三年如一日,她們早見怪不怪,翹腳坐在高腳椅上優雅揮手。我們一群男生就像發情的公猴在車上興奮亂叫,這也成為青春難忘的一頁。

近年也許因社會觀感或警方勸戒,檳榔西施換上較為保守的穿著。霓虹燈依舊閃爍,販賣檳榔的美麗身影在夜裡仍是長途夜車司機臨停的溫柔綠洲。

⎔ 66 刈包攤

刈包是種傳統庶民小吃，對折的白麵皮裡頭夾入滷肉、香菜、酸菜等，再撒上花生粉，滋味鹹中帶甜，很適合肚子有點餓時買來解饞。因其外型像飽滿的錢包，會出現在年尾的尾牙宴上，又因頗像漢堡，所以也有人以「台灣漢堡」戲稱之，但我心裡總不服，為何不說漢堡是「美國刈包」呢？

這間位於屏東的刈包攤外型相當獨特，攤子的頂部仿製屋瓦的造型，前方用了兩個燈籠作為裝飾，燈籠上的「割包」二字，是因台語中「割」與「刈」同音而稱之，最醒目的「虎咬豬」三字，則是因為刈包用麵皮夾著豬肉的外觀很像老虎咬著肉，所以又有這個有趣的稱呼，若是不知道這個典故的人，遠遠看到這三字，說不定還會嚇一跳呢。

路過的騎士停下機車，頂著安全帽就直接點餐。台灣人很習慣這種購物方式，對我來說是相當在地的畫面，所以我常喜歡在圖中加進戴安全帽的路人。

67 豬肉攤

童年時期，賣麵的外婆有時為了要煮肉燥，會叫我到後面的豬肉攤買絞肉，我通常只需與老闆說需要多少斤的絞肉，老闆便會俐落的將豬肉切塊，秤重後丟入電動絞肉機，沒一會兒，絞肉機就吐出一條條的絞肉，老闆裝袋並繫上紅色塑膠繩給我，我便能完成外婆交付的任務。長大後鮮少下廚的我，對豬肉的印象取而代之成一片一片切好、用保鮮膜包在保麗龍盤裡的模樣，至於是什麼部位、與其他部位又有什麼差別，我一概不知。

豬肉攤有著強烈的視覺效果，用鐵鉤懸掛在攤前的豬肉及內臟，偶爾會令人感到微微恐懼。木造攤位、豬肉與老舊的鎢絲燈泡交織成昏黃的色系，經年累月使用的木質砧板，因反覆剁切、擦拭，磨損成平滑油亮的凹陷。肉攤還有一種淡淡冰冷的肉腥味，搭配菜刀落在砧板沉重渾厚的「咚咚」聲，不時還可看到熟門熟路的顧客，與老闆買肉討價還價的場面。這種夾雜著視覺、聽覺、嗅覺的感受，大概是超市裡的保麗龍盤很難傳遞的情感吧。

68 甘蔗汁

甘蔗汁攤的背後總會有成堆的甘蔗，老闆會用柴刀闊氣
的將甘蔗削皮，切段裝袋放在攤前放賣。家人偶爾會
買甘蔗回來，當時我牙口較軟，吃甘蔗要分幾次才能咬
斷，但仍是相當喜歡甘蔗。也許是在那個相對節儉的年
代，爸媽不會隨意買糖水涼飲給小孩，甘蔗算是便宜又
「合法」可取得的甜頭了。

攤子上主要的機器，就是榨汁機了。攤販會將甘蔗從後
方筆直送入榨汁機，經過滾輪榨汁後，甘蔗汁就從後方
的龍頭流出，壓扁的甘蔗皮則會掉入前方準備好的垃圾
袋。小時候我站在一旁，一邊覺得榨汁的過程很神奇，
一邊又害怕老闆的手會不會也不小心送了進去，光是
在一旁觀看，就可以耗掉很多時間。但不知為何，長大
後不費吹灰之力就買到的甘蔗汁，少了自己嚼甘蔗的過
程，總覺得沒那麼好喝了。

○ 把甘蔗投入榨汁機的過程
總是讓我覺得很神奇。

69 現榨果菜汁

台灣是著名的水果王國，種類繁多，產量豐富，夜市裡不時可以見到水果攤，成為許多外國遊客嘗鮮的選擇之一。有些攤販是將水果切盤販賣，也有許多專賣果菜汁的攤子。尤其近年普遍重視養生與食安問題，對於可以親眼看到新鮮水果在眼前製成果汁，更增加了消費者的信任。

有次在夜市看到一間果菜汁攤，攤子前方錯落擺放著各種蔬果，其造型、大小、色彩的安排亂中有序，在黃色投射燈照射下，水果的色澤又更加飽滿，看得出老闆在這方面的巧思，不僅將水果本身鮮豔的顏色當成最好的招牌，新鮮的外表也讓顧客對於品質更有信心。老闆悠閒的坐在攤子後面，面對顧客拍照也落落大方，頗有一種自信向顧客展示自己作品之感。

◇70◇ 杏仁茶

天氣寒冷的夜晚，特別讓人想吃些溫熱的東西，但又顧忌體重，不敢多吃，這時候浮現在我腦中的最佳選項，就是杏仁茶了。

杏仁茶攤往往給人一種古早味的感覺，招牌上只寫著「杏仁茶」三個大字，有些攤前會放著已經包裝好的油條。天冷時喝杏仁茶可以暖胃，若覺得嘴饞，搭配一根油條是個不錯的選擇。將油條吸飽杏仁茶再入口，同時感受杏仁的香氣和油條的口感，這種吃法也有許多愛好者。

杏仁茶攤不知何時開始風行，記得小時候一次夜裡喝過，從此就愛上杏仁茶的味道。也因天冷時生意特別好，所以通常到了冬天，便可以看到許多出來賺外快的杏仁茶攤。當老闆打開鍋蓋要裝杏仁茶時，瞬間湧上的蒸氣淹沒了老闆的身影，這大概是杏仁茶攤對我來說最鮮明的印象。

71 | 早 餐 攤

台灣人似乎特別重視早餐，各地的早餐都別有特色。有些地區的人一早吃滷肉飯加魚湯；有人喜歡北方麵食，以油條燒餅或包子饅頭配上一杯豆漿；偏好西式餐點的人，愛吃漢堡吐司和蛋餅；近年流行的「早午餐店」，更發展出精緻的早餐選擇。

有些早餐店以攤販形式依附在騎樓下，多數顧客趕著上班，匆匆買個早餐外帶，所以攤販也不準備過多的桌椅，攤子前方突出的平台就可當作現成的小桌。在一旁架起折疊桌，放上快速爐，就成為臨時的廚房，攤上的展示櫃裡擺著現成的三明治，後方的蒸籠裡放著已經蒸好的包子，層架上的國農牛奶因會附贈便宜的小玩具，是許多小孩早餐的最愛。

最讓我魂牽夢縈的早餐，「蛋餅」當之無愧，薄薄的餅皮澆上蛋液，煎熟後捲起切段，淋上醬油膏與辣椒醬。看似簡單的品項，但這種飲食習慣已經深深烙印在我們的生活記憶中。平時沒有察覺，記得有次出國寫生兩週，天天隨當地飲食，當時我最懷念的，就是台灣早餐攤的蛋餅和奶茶了。

○ 蛋餅是我最喜歡的台式早餐。

72 清粥小菜

說到晚上可吃的宵夜，台灣人可是如數家珍，不管是想吃甜吃鹹、吃飽吃巧、中式西式……樣樣都有。至於偏好傳統飲食的人，心中最念念不忘的，大概就是清粥小菜了。

所謂的清粥小菜，乍聽以為是熱量低的「輕食」，但其實就是小型的自助餐，攤車上擺著各式各樣的家常菜，大魚大肉都有，以白飯或是白粥作為主食。客人可以自行選擇想吃的菜色，通常一旁還會備妥一鍋熱湯供客人免費舀取，想省錢的人多喝兩碗湯也就把胃袋剩餘的空間撐飽了。我曾遇過佛心的攤販，即使是免費的熱湯，裡頭仍能撈到滿滿的料，但隨著物價上漲，近年的湯若能撈到碎菜和肉末就算不錯。

清粥小菜攤不一定只有在夜間出沒，有些也會在早上營業，但夜裡點著一盞黃色燈泡，在騎樓或路邊提供夜晚工作的人們暖胃的食物，這樣的形象已成為我腦中最深刻的記憶。印象中清粥小菜也曾在台灣風靡一時，各地開了許多標榜二十四小時營業的大型店面，不知何時，這樣的風潮也退了流行，如今這類的攤子仍是較常出沒在騎樓或市場裡。

73 蛋板捲

某次前往高雄西子灣的路上,在中山大學的隧道口看到一個老舊的攤位,攤販固定擺放在這個位置,招牌上寫著「蛋板捲」三字,價錢只要十元。攤上有一個展示櫃,裡頭擺放著已經做好的食物成品。查了資料發現這個攤子竟已在此地經營了四十多年,是許多西子灣居民的回憶。

蛋板捲究竟是怎樣的食物,可以在人來人往的中山大學經營那麼久?這讓我相當好奇,於是買了幾根嘗鮮。外觀像是縮小版的蛋捲,長度約十公分,寬度比食指還粗些。與蛋捲不同之處在於蛋板捲是「軟」的,吃起來口感紮實,比較像日式甜點,裡頭沒有內餡,是淡淡甜甜的雞蛋香,口味相當純粹。

每次吃到這樣的甜點都會讓我思考,雖然蛋板捲不如現在的「網美甜點」那樣華麗,但也默默在當地人心中生根,如此單純的甜點也有它值得品味之處吧。

74 ｜ 路邊麵攤

有次到屏東枋寮的東海村一帶取景，車停之後漫步在靜謐的巷弄，行經北玄宮，在廟宇外的十字路口旁看到一間有趣的麵攤。

麵攤就在路邊的空地上，倚著一根電線桿，撐起幾把遮陽傘，底下再擺放兩組桌椅，就成為一個露天的臨時店家，且與現地無違和的融合在一起。頭髮灰白的老闆緩緩備餐，顧客赤腳翹著二郎腿，坐在紅色塑膠椅上悠閒的吃麵，這個安靜又日常的畫面，觸動了我的心弦。

由於年幼時外婆在市場賣麵，長大後見到麵攤總有種親切感。我常請外婆幫我特製乾的米苔目，裡頭還要加進餛飩和滷蛋，滷蛋黃攪散在肉燥醬汁裡一起吃，這個味道至今仍令我懷念。

麵攤大多沒有招牌，也沒有華麗的裝潢，提供的選項不會太複雜，通常是兩、三種麵體替換，再備點豆干、海帶、雞翅之類的滷味，或餛飩湯。價格十分親民，許多令人想念的庶民美味其實都是藏在這樣的小攤子裡面。

這類複合擺設的攤販因為所有設施都是可動式的，在拆卸組裝上相較於一般店面更為靈活。早期許多攤販常以這種方式聚集，時間久了甚至蓋起鐵皮，發展出固定的營業模式，又因為鄉鎮空地多，這類的臨時攤通常在鄉鎮才容易看到，大樓林立的城市中已經很難有位置容納這樣的攤販了。

┃75┃ 爆米香

爆米香總是給人「驚天動地」的印象，因為將白米放進壓力爐裡加熱加壓，當開啟壓力爐的一瞬間，米粒會因壓力釋放瞬間爆開，同時發出巨響。見過那場面的人，多數都會津津樂道那樣的聲音記憶吧。

有次在新北市永和的溪州市場看到爆米香攤，老闆將製作爆米香所需的器具結合成一個特製的大型工作台，還細心的向我介紹製作流程。準備開爐的前一刻，老闆老練的向周邊的「觀眾」警示，吆喝：「要爆囉要爆囉爆囉爆囉……」隨即開啟爐蓋，瞬間「蹦！」一聲，當下有種耳鳴的感覺。

年過四十，這是我第一次完整看到爆米香的過程。原來爆出來的白米會先在大鍋裡與煮過的麥芽糖漿攪拌均勻，倒進一旁的方形容器用滾筒壓實，再切塊分裝，這才成為我們見到的一塊一塊爆米香。如今路邊愈來愈少見到爆米香攤，若有機會看到，也不妨向老闆光顧幾包，順便回味那一聲驚天巨響吧。

○ 金黃色的麥芽糖漿，在有著歲月痕跡的鍋子裡沸騰。

76 霜淇淋

夜市之於孩子，就像是座逛不膩的樂園，有許多好吃、好看、好玩的東西，霜淇淋就是代表之一。巨大的霜淇淋造型招牌聳立在夜空中，遠遠就能看到。

霜淇淋的基本款口味通常有巧克力和香草，但我通常都是選擇兩種綜合的口味，老闆從箱子裡拿出甜筒，一手握住機器手把，另一手拿著甜筒嫻熟的繞圈。機器擠出的霜淇淋是白色與咖啡色相間，堆疊成螺旋狀。這個緩慢的過程中，一旁的孩子每個都是虎視眈眈、垂涎三尺。

對孩子來說，舔一支霜淇淋是相當享受的事，但當霜淇淋融化成各種形狀，出現在臉上、手上，還有衣服上時，也許就要挨媽媽一頓揍。我就曾因為拿到霜淇淋太高興，只顧著吃，不看路，沒一會兒就跌倒，霜淇淋也沒了。

霜淇淋攤如今更發展出許多創意，例如夜市霜淇淋將高度堆疊至三十公分，吸引遊客爭相購買；許多老闆著重霜淇淋的口味與品質，提高了商品的價值；超商更引進霜淇淋機台，想吃隨時都可買到。至今霜淇淋仍然深受大人、小孩喜愛，童年的那股快樂，似乎換了種模式繼續存在於我的生活中。

77 糖葫蘆

糖葫蘆是外觀相當華麗的傳統點心，據傳因串在一起的水果貌似葫蘆，所以有糖葫蘆的稱呼。早期的攤販會先在家中製作糖葫蘆，並將稻草捆在竹棒一端，再將糖葫蘆插在這稻草棍上沿街叫賣，這樣的模式現在只能在相片中回味。

現在的糖葫蘆攤較多出現在夜市，大桌上有個用來熬煮糖漿的瓦斯爐，老闆將小番茄、蜜餞、草莓、葡萄等容易入口的水果用竹籤串起，貼近糖漿表面，以拇指、食指輕轉竹籤一圈，使每顆水果都沾上薄薄的糖漿，再放在一旁的鐵盤上靜置風乾，不一會兒，糖漿便凝固成晶瑩剔透的糖殼。

有巧思的老闆在一塊木頭上鑽了許多小洞，並將糖葫蘆插在上面展示，造型頗有古味，也吸引了許多顧客拍照與購買。但老實說，不太愛吃水果的我從來不曾主動購買糖葫蘆，但我喜歡吃表面的糖殼，有時會先將其中一顆糖殼吃掉，嘗嘗甜味，再把裡頭的水果分給別人。這種貪甜的作法，相信也有朋友與我一樣。

炭烤攤

烤肉在台灣可是相當重要的娛樂活動，將肉片放上烤網，一邊聽肉汁滴在火紅的木炭上滋滋作響，一邊感受炭火迎面的熱氣與撲鼻的香味，整個過程療癒又浪漫，若在假日與三五好友一起圍著炭火閒聊，更是一大樂事。

也許是這樣的情感連結，使烤肉吃起來總是分外美味。但準備爐火與食材通常不太輕鬆，專賣烤肉的餐廳又價格不菲，若只是想解解口饞，炭烤的路邊攤就是最好的選擇。

炭烤攤多出現在晚上，攤上會架著幾盞黃燈，照亮桌上的食材，也讓攤子在夜裡更有氣氛。老闆戴著麻布手套，專注的在烤台上翻烤著肉串。明明只是簡單的動作，老闆的手卻彷彿有魔力，總是烤得特別美味，即便是口味單純的甜不辣，都可以處理得層次豐富，令人唇齒留香。

為了不讓工作區煙霧瀰漫，烤台上方會加裝抽風機。一旁的桌子擺滿各式各樣的食材，雞腿、香腸、肉串、秋刀魚、蔬菜……應有盡有，盤子上夾著價格牌，讓顧客可以掂掂荷包斤兩。記得年幼時沒錢多買，常挑一支便宜的米血或雞屁股，光是這樣就可以吃得津津有味，每一口都再三咀嚼，深怕一下就吃完了。

79 鹽酥雞

許多鹽酥雞攤的招牌不約而同冠上「台灣第一家」，似乎成了鹽酥雞的代稱，但客人大概不在意是否真為第一家，而是立刻湊近看台面上的各種食材。這類炸物攤的魷魚、甜不辣、香腸、芋頭粿通常也別具風味，各有擁護者。

點餐時，只要把自己想要的配菜夾進小籃子裡；要秤重的肉類，通常只需夾一塊示意，老闆就知道這代表一份。因多半是依序現炸，常見攤子周遭的排隊人潮，規模大一些的鹽酥雞攤甚至會發號碼牌，避免混淆。

對我來說，「九層塔」是鹽酥雞不可或缺的靈魂，油炸起鍋之前，老闆會抓一把放進油鍋，瞬間滋滋作響，就像表演儀式。起鍋後，老闆將炸物倒進三角狀的漏斗裡，撒上胡椒鹽，反覆抖動幾次，再裝進紙袋。有些攤販還會詢問是否要加入蔥、蒜、辣粉等，口味可隨顧客喜好變化。

在深夜吃鹽酥雞，大概是一件很「罪惡」的事吧！我在點餐時常會多點幾份蔬菜，回程再買杯綠茶，彷彿這樣可以消除一點吃炸物的罪惡感，但當一口一口炸雞下肚，所有的罪惡都拋到九霄雲外了。這種心情，相信許多人也有同感吧。

80 烤玉米

不論是在火鍋、烤肉,或是鹽酥雞攤,都可以見到玉米的身影,有人蒸煮過後抹上鹽巴來吃,但我最喜歡的還是烤玉米的滋味。

烤玉米與自家烤肉不同,市面上的烤玉米攤往往會有獨門醬料,烘烤的同時一邊刷上濃稠的醬料,待玉米散發出焦香,灑上些許白芝麻,伴隨著表面那厚厚一層焦甜的調味醬,一口咬下,這個味道可是讓許多人魂牽夢縈,台灣甚至還有烤玉米口味的零食「燒番麥」,熱銷數十年,可見烤玉米在台灣人心目中的地位。

這間烤玉米攤規模較大,在擺設上更為多元,攤位桌面的下方用了空心磚當底座,上方的頂棚加裝大型招牌,棚架上掛著包裝袋以及抽風扇。大多數烤玉米攤都是以單隻計價,這間更為細心,老闆早已將玉米依照大小分類好,並且在籃子前標示價格,讓顧客可以一目了然,省去了一次次回答的麻煩。

81 烤鳥攤

墾丁距離屏東市大約一百公里，從小到大，每次從屏東出發往墾丁，都覺得是漫無止境的旅程。經過楓港時有個路段，兩旁有許多賣烤鳥和烤魷魚的攤子，為了吸引過路的車輛，各攤顏色都相當鮮豔。這裡對我來說，就如同地標般的存在，每次看到這些爭奇鬥豔的烤鳥攤，心裡就知道大概還剩一半路程。

攤販的招牌寫著斗大的「烤鳥」兩字，為了避免招牌飛走，一旁還用繩子加固。因為造型特殊，時常有許多車輛停靠在路旁購買，其中也不乏有許多遊客將此景當作旅遊景點，停下來拍照留念，儼然成為在地特色之一。

聽說早期這些烤鳥攤主要是捕捉伯勞鳥來販售，但那畢竟那是三、四十年前的事了，如今民眾的環保觀念提升，早已不會捕捉保育類的候鳥，攤販所賣的烤鳥多用鵪鶉來代替。

在地似乎為了要「洗刷」遊客對於楓港的誤解，在2009年將廢棄軍營改造成「伯勞鳥生態展示館」，陳列伯勞鳥相關的資料，成為一個提倡環保意識的園區。像這樣由小攤聚集成地方產業，形成地方特色，最後甚至將其文化發揚成地方主題的場館，楓港可說是一個鮮明的例子。

82 夜市牛排

夜市牛排攤總是占地廣大，主要以攤車作為煎牛排的區域，並在一旁增設作業區，助手會在一旁加熱鐵板、擺盤食物。此外，還會有兩個鐵桶，一個裝玉米濃湯，一個裝冰紅茶，供顧客免費喝，這絕對是夜市牛排不可或缺的兩種味道。

過往牛排對多數人來說是一種高貴的象徵，更是昂貴的飲食代表，孩子除了考試考高分、生日之類的特殊情況，是不太有機會進牛排館的。還記得我第一次吃牛排，對刀叉感到相當新奇，更覺得會爆漿的奶油麵包是人間極品，當店員將牛排端上，肉汁在炙熱的牛型鐵板上跳躍，孩子有樣學樣的將紙巾擋在胸前，那些氣味和儀式都深深刻印在我腦中。

即使至今仍覺得「吃牛排」是一件需要正襟危坐的事情，台灣卻讓餐館裡的牛排走進最庶民的夜市，一個臨時的攤位再加上幾張桌椅，就成了露天的牛排館。

夜市牛排會在鐵板上淋滿黑胡椒醬，搭配通心粉。因為從小吃的就是「台式」牛排，長大後吃到「正統」牛排，看到上面沒有淋醬與麵條，心裡頭反而覺得有點空虛。

而堪稱夜市牛排的靈魂所在，大概是鐵板上煎得劈啪響的半熟蛋了。有些人會任憑它煎熟，最後再享用，但相信多數人與我一樣，總是要抓準時刻，在不打破蛋黃的情況下，用刀叉完美將蛋翻面，這零點幾秒的「翻蛋神聖時刻」，若旁人出手搗亂，可是會讓原本要翻蛋的人直接「翻臉」的！有些男士會紳士的幫女伴翻蛋，以展現自己翻蛋的絕活。在我心中，夜市牛排算是台灣改變外來食物後，又演變出在地飲食習慣的代表之一。

83 洋蔥攤

驅車前往墾丁的途中，會經過具有在地特色的攤販，舉凡菱角攤、烤鳥攤、綠豆蒜等都相當有名，遊客往往會沿途一一「收集」。其中，洋蔥便是行至恆春相當著名的特產之一。

有趣的是，若仔細觀察攤販的位置，小吃攤多設置在南下的右側道路上，洋蔥攤卻是北上的右側居多。可以猜想，也許攤販考慮到遊客多是回程時買洋蔥，才有這樣的設置。

洋蔥攤通常以小型的貨櫃擺放在路旁，裡頭增設層架，再搭配桌椅或棧板，上面擺滿用紅色網袋分裝的洋蔥。堆疊起來的洋蔥頗有種滿山滿谷的氣勢，吸引無數過路的車輛。老闆搭起遮陽傘抵擋南部炎熱的陽光，並躲在陰影下打盹，也成為一道特殊的風景。

大量洋蔥的採收，還有段小故事可以說：因台灣的軍隊每年都會在恆春一帶實施演訓與實彈射擊，需要與在地居民「打好關係」，派兵支援拔洋蔥便是其中的重點，甚至成為在地農民收成時不可或缺的人力之一，說這些洋蔥多是「阿兵哥採的」也不為過。軍中派兵支持地方產業，地方協助軍方演訓，這也是「軍愛民，民敬軍」精神的一種表現吧。

84 手工汽水

在可樂、雪碧這類進口汽水尚未普及的時候，能喝到的氣泡飲料大概就是國產的沙士、蘋果西打，或是一些不知名的玻璃罐裝汽水。在這些工廠出產的汽水外，我真的沒想到，原來汽水還可以自製？

位於嘉義的這攤手工汽水已經在自家店面前經營五十餘年，現在是第二代了，從早期一杯三元賣到現在一杯三十元。老闆首先在杯裡放進碎冰，再注入自製的氣泡水，至於調味的部分，也是自己做的糖漿和果醬，所以喝起來的味道與一般市面上的不同，葡萄汽水裡還可以喝到葡萄乾。

據說以前有一款隱藏口味，是在沙士裡頭加入土雞蛋，可以舒緩喉嚨不適。這類的手工汽水如今愈來愈少見，若有機會到嘉義，不妨將此地列為行程之一。

85 修理皮鞋貨車廂

我的老家在屏東市的林森路上，騎車外出時，可以看到路旁的一塊空地上放置一個廢棄的貨車車廂，乍看不覺得有什麼特別之處，有次經過發現車廂的後門開著，裡頭竟然是一間修理皮鞋的店家！

小小的空間裡，有一位老闆坐在矮腳椅上作業。車廂內掛滿了各種修鞋工具，五臟俱全，如果能細細取景，似乎相當適合做成微縮模型。

這個畫面對我來說，就如同《哈利波特》（*Harry Potter*）裡的「萬應室」，從外表看並無異處，開門後卻是另一個世界，充滿想像空間。記得小時候看見某個路邊的廢屋，總會幻想破敗的門打開後，可以頂著「竹蜻蜓」在恐龍世界裡遨遊。長大後雖然不再有這類的幻想，但如果我們能多運用想像力去觀察城市，也許可以看到截然不同的風景。

走訪各地取景時，偶爾會看到類似這樣生存在路邊一角的攤販，有時是修鞋攤、鑰匙行，有時是繡學號的店家，老闆只需在極小的空間擺上生財工具，憑藉自己的技藝就可以養家活口，可謂是「高手在民間」。

這類攤販沒有招牌，更別說懂得網路行銷，在凡事皆重宣傳的現在，這些攤販的「佛系」經營方式真令人難以想像。現在願意提供修繕服務的攤販寥寥可數，甚至許多老闆都年事已高，惜物之情日漸式微，若有機會在路上見到類似的攤販，不妨多留心一眼吧。

PART
3

捕捉
時光

兒時的商展，是充滿聲光色的遊樂場，
是記憶中宛如夢境的一夜。
時光流轉，那些在特定時節才出現的攤販，
今年是否也能一期一會呢？

快閃樂園

過往年代，孩子不太有機會去遊樂園，在夜市裡短期擺設的遊樂設施就成了小孩的最愛。到夜市除了逛街，都十分期待能玩到幾項遊戲。

這類遊戲攤規模較大，所需的器材繁雜，必須先以貨車將設備載運到定點，再擺放陳列。早期的設施多是老闆自行發想製作，雖不一定精緻，但充滿了手作的溫度與拙趣。隨著技術與時俱進，許多遊具的花樣或器材都略有改變，有些結合了電子設施，有些新增了各種玩法，在夜市或活動場地，仍吸引了眾人目光。

隨著物價上漲，遊戲攤的消費價格也動輒上百元，以前這些便宜的遊樂方式是孩童的「小確幸」，長大後卻成了夜市裡的一種高額消費，這或許是時代的一種轉變吧。

86 套圈圈

套圈圈是我從小就喜歡玩的遊戲，攤販將各類禮品陳列於階梯般的架子上，顧客將手中竹製的圓環拋出，若套中則獲得該禮品。禮品種類五花八門，有小型的塑膠玩具、搪瓷擺飾、大型娃娃、遙控車，甚至紅酒，便宜的禮品會放在顧客眼前，昂貴的當然就在遙遠的天邊。

年幼的我野心很小，每次都蹲在前方盡可能伸長手臂，將圈圈套進第一排的搪瓷玩偶，雖然一點都不值錢，但能套中就開心得不得了。當然也有許多大人一次就買好幾局，將目標鎖定在遠方的紅酒，不停的拋出竹環，企圖以數量來彌補精準度。但老實說，能套中的機率極低，現實生活中還真沒看過。

過了許多年，套圈圈玩法未變，反而是圓環愈做愈小，命中率更低。有時我覺得套圈圈除了換獎品，「拋」的動作大概也是一種釋放壓力的方式，也難怪拋遠的都是需要紓壓的大人了。

87 彈珠台

小時候每到週日的夜市，外婆的麵攤前方正好就是彈珠台，我必定去光顧。用類似長尺的板子，奮力將彈珠從右側軌道往上撥，等待彈珠穿過中間重重路徑，落入下方格子獲得分數。玩一次約十顆彈珠，尤其最後一顆不同顏色的彈珠，通常還有加分的作用。格子底端橫放了一個長板，打完彈珠後，只要抽起長板，彈珠又會落到原本預備的位置。

彈珠台昔日通常是老闆手工製作，除了框架是用木頭釘製，上方兩個放禮物的空間、彈珠行經的路徑，以及彈珠落下的位置，全都是用鐵釘一根根規劃出來，讓人不得不佩服製造者的巧思。如今夜市裡的彈珠台多了聲光效果，玩法也變成以彈簧手把將彈珠彈出或是「柏青哥」機台，最原始的木作彈珠台與長尺撥彈珠的玩法可就愈來愈少見了。

在我玩彈珠台的回憶裡，最後通常只能拿到安慰獎沙士糖，或是外盒印著水果圖樣的球型口香糖，偶爾運氣好些，可以獲得一罐津津蘆筍汁。記得有一次得到最大獎，是一小盒進口香菸，我還興奮的拿去送給外公，但外公只吸黃長壽，至今仍不知道他是否吸了那包洋菸？

┃ 88 ┃ 撈魚攤

　　無論是在日本祭典或台灣夜市，撈魚攤往往會吸引所有孩子的目光。小池裡頭放滿小魚，小孩將中間糊了薄紙的圓形勺子平放入水中，就可以將小魚撈進自己的盆裡。只是那層薄紙泡在水中太久，往往很快就破。年幼時喜歡去撈魚，但父母常告誡這些魚撈回家的存活率都不高，即使倒進家裡的魚缸，許多魚也都是在次日就升天了。

　　近年來，動物保護的意識抬頭，許多家長看到這類攤位，也會趁機與孩子談談生命教育。市面上許多撈魚攤早已主動轉型，在充氣泳池裡頭裝滿水，用塑膠造型玩具來代替活魚，讓孩子用磁吸或勺子的方式來遊玩。過去撈魚的童年記憶雖然難忘，但不免隨著時代改變、觀念進步而慢慢走入歷史。而新聞忽然報導恐要針對撈魚攤開罰，當然是引發一陣錯愕譁然了。

89 射水球

比起老少咸宜的遊戲攤，射水球似乎較受到「大人」的青睞。看似容易的玩法，實則相當需要技巧。玩一局約可拿到五隻飛鏢，原本以為只要瞄準牆板上的水球擲過去就好，但因水球本身具有彈性，若力道不足，即使射到水球也會彈開。以我的心得來說，飛鏢射出的角度、準度與力度，幾乎缺一不可。

除了射水球，許多攤販現在也以氣球取代水球，在保麗龍板上挖出一排排孔洞，將氣球塞入，簡化布置。後來更以空氣槍來取代飛鏢，一次裝入十發BB彈，射擊感更為快速，爽度增加。許多男性會趁機回顧當兵打靶的感覺，或是對伴侶吹噓打靶技術。

或許展現神射手的能力，對異性無形中有一種加分作用吧！但我們實在少有可以展現這項魅力的地方，大概也只能在夜市射氣球了。

90 乒乓球跳跳樂

投擲乒乓球看起來輕而易舉，其實一點也不簡單。由於乒乓球會亂跳，若想直接丟進面前的圓筒陣是不可能的，必須要投擲在圓筒前方的地板，讓球自己彈跳進筒內，所以才有「跳跳樂」這個生動的名詞，不僅取決於力道和角度，更多其實是「運氣」。

這種遊戲玩一次約一百元，攤販會提供一大籃約一百顆的乒乓球，這時無論男女老少，每個坐下來的顧客都像機器人般不斷重複同樣的動作，專注的投乒乓球，盯著球彈跳的位置，調整力道與角度再投出下一顆，頗有一種療癒感。

散落一地的乒乓球該如何回收呢？攤販在右側角落放置了鼓風機，持續吹出風，將乒乓球吹到左側的角落集中，攤販只要用網子輕鬆將球撈起就行，發揮了十足的巧思。

91 棒球九宮格

棒球九宮格的概念似乎是源於日本節目，以井字型放置九個板子，請職棒選手來投球，以展現其優越的控球能力，之後甚至還衍生出足球、羽球、網球之類的九宮格遊戲。

這個遊戲在台灣也大受歡迎，評分的標準除了累積擊落數，也有類似賓果連線的玩法，需擊落指定的板子才算得分。許多對投球有自信的大小朋友，都希望透過這個遊戲來展露身手。

但這畢竟與平常的投球不盡相同，不僅距離較近，板子的鬆緊度也大有影響，儘管高舉投球姿勢投出速球，沒打中目標就不算數，但也不能為了投準就輕輕投，未能擊落板子也沒用，力道與準度的拿捏都很重要。

講了這麼多遊戲經，其實對於我這個棒球門外漢來說，看同學投的次數比自己上場還多次。我還挺認分，知道自己投不中，也不花這個冤枉錢了。

92 | 投幣式機械狗

小孩總是喜歡一些可以騎乘、搖動，或是會發出聲音的載具，坊間能看到的大都是固定在原地的電動搖搖馬，或是繞著軌道前進的小火車。有些攤販提供了更酷的玩意，除了可以騎乘，還可以移動到想去的地方，這就是投幣式的機械狗。

攤販通常會選定公園的空地，坐在樹蔭下等待客人，這類的坐騎外表多是狗或熊等可愛動物，投幣後，四足下隱藏的輪子就會緩慢啟動，同時重複播放高分貝的破音兒歌。家長多半為了安全，會與小孩一起共乘，順便過過乾癮。這樣的遊樂設施可是大大滿足了孩子的想像，小時候看了許多卡通，我總是幻想自己可以騎著恐龍上學，雖然這種想法不切實際，但能坐上這個投幣式機械狗，也算是一償宿願了。

93 迷你小火車

迷你小火車通常會擺放在夜市的空曠處，軌道繞成圓形，車廂通常是唐老鴨或米老鼠這類孩子熟知的卡通造型。數列車廂在軌道上反覆繞圈，同時播放震耳欲聾的兒歌。

這類可以搭乘又有兒歌可聽的遊樂器材一向深受孩子的喜愛，即使握著裝飾用的方向盤，也會覺得自己掌握了全世界。兒時沒有機會去迪士尼樂園，但這樣簡單的小火車已能帶給孩子極大的樂趣。尤其搭乘費用通常不貴，有些家長會主動帶孩子搭乘，一邊用相機記錄下孩子的快樂模樣，同時也爭取到一時半刻的休息時間吧。

時節
限定

有些商品因為有其特殊意義，平時比較少有機會用到，但到節慶時就會供不應求。原本專賣這類品項的老店，會將其視為一整年最重要的時刻，緊鑼密鼓的擺出臨時攤備戰；百貨店家也會大量進貨，趁機大賺一筆；甚至有不少民眾趁著節慶時期自行批貨，在自家門口擺攤，當個幾日老闆，發點小財。

民眾對於節慶商品的需求程度，反映出台灣人對於過節習俗的重視。這些在特定時節才出現的攤位，也成為台灣的特殊風景之一。

94 | 春聯攤

每到春節，家裡總會有「除舊布新」的觀念，不僅要大掃除，掃去家裡的髒汙與過往的不快，還要換個新氣象，「貼春聯」便成為相當重要的儀式之一。

家家戶戶會挑選適合的春聯內容，張貼在自家門口，若是生意行號，則可看到生意興隆或財源滾滾的寓意，也代表對於未來充滿期盼的心情。

約莫在農曆年前，坊間便會出現許多春聯攤，陳列架上會掛滿整面的春聯，大賣場更是紅通通一片，都是春節相關的商品。

若希望有客製化的春聯內容，標榜手寫的春聯攤就是好選擇，通常有代寫服務的攤販會在攤上現場揮毫，顧客經過時也會暗自打量師傅的功力如何，再決定是否委託。這些精於書法的師傅，每到春節就會特別忙碌。

常常會聽到玩諧音哏的笑話，其實我們的老祖宗早就廣泛應用諧音的概念了。例如考試時要吃粽子，這樣才會「包中（粽）」；拜拜時要用鳳梨（旺來）、橘子（吉利）；若是有人不小心摔破盤子，旁人也一定會不約而同說出「歲歲（碎碎）平安」這句話。

過年時必吃的年糕與發糕也有同樣的意義，象徵「年年高升」、「發財高升」。有些店家會在過年前夕火力全開，全家動員投入製作這類年節糕點，大量的蒸籠在攤位後方堆得像小山一樣。有人負責結帳，有人負責包裝，有人負責替換蒸籠，各司其職。

記得到了除夕那一天，我都會與姐姐合力將年糕切成條狀，外面包上一層餛飩皮下鍋油炸，酥脆的外皮裡包著香甜軟嫩的年糕，這便是我的過年限定美味。

也許有些人認為這種諧音吉祥話毫無根據，但換個角度來想，其實人們也只是希望在面對不可預知的未來時，能夠用一些話語給予彼此祝福。一口年糕就可以帶給人希望，一句「歲歲平安」就可以掃除心中的不安，這不是很划算的事嗎？

96 元宵攤

在台灣，元宵節總是熱鬧非凡，除了不同縣市會舉辦大型的燈會，還有放天燈、炸蜂炮等觀光民俗。對小孩來說，或許提著燈籠上街，猜猜燈謎就很開心了。在這些熱鬧之外，還有個似乎快被遺忘的應景食物，那就是「元宵」。

說到元宵，最讓人感到疑惑的是它的外型與湯圓如此類似，兩者之間到底有何不同？關鍵在於製作方式，湯圓是用「搓」的，所以外型與口感較為綿密；元宵則是「搖」出來的，將一塊塊餡料沾了水，倒進裝了糯米粉的竹篩裡，晃動竹篩讓餡料滾動，使糯米粉沾黏其上，重複幾次直到成為近乎乒乓球大小，滾出來的元宵，表皮較為粗糙，口感也較有嚼勁。兩者相較，滾元宵更有表演性質，通常要到元宵節才能見到滾元宵的場面。

只是在現代社會，即使到了元宵節，一般家庭也大都是到超市買現成的湯圓來替代，也難怪現在的人會對兩者的差別感到疑惑了。

97 春捲皮

台灣人通常會在清明節吃「春捲」，此「春捲」又有南北之分，北部常稱之「潤餅」，裡頭包的食材比南部單純，常是高麗菜、紅糟肉，肉鬆與雞蛋酥。在我的家鄉，春捲裡面可是包羅萬象，可加入雞肉、香腸或是芥末，幾乎百無禁忌。清明節時，父親準備的菜色會有豆干、煎蛋、油麵、小黃瓜絲、蛋絲等，我每次都要加進超多糖才甘願。

每逢清明節前夕，是春捲店一年最忙的時候，甚至要加派人手在店門口開攤製作春捲皮。我特別喜歡看製作春捲皮的過程，師傅手上握著一個近乎流質的麵團，不停翻轉再將麵團拋回手掌，同時又要抓緊時機，以畫圓的方式快速在圓型的加熱鐵板上抹上薄薄一層麵糊。麵團彷彿有生命一般，我常形容這是「在師傅手中跳舞的白色史萊姆」。

有名的春捲店在這段期間往往聚集大批民眾，曾聽說朋友的父親在凌晨四點半前往一家老字號春捲店排隊，現場居然已有三十餘人在等候！有人覺得這行為真「無聊」，不過就是個春捲，改天再吃也行，但有些人買春捲是為了給返鄉的家人，或是祭拜生前喜愛此味的先人，排隊其實是對節慶的重視，也是一份心意。在節慶感愈來愈薄弱的現在，還能保留這樣的情感，相當令人感動。

98 煙火攤

中秋節的重要程度，往往反映在「塞車」這件事上。每到連假，總是會替電視畫面中塞在國道綿延數里的返家民眾感到辛苦，而住在屏東的我，也會明顯發現社區多了一些返鄉暫停在路邊的轎車。

每逢中秋，名店的蛋黃酥會爆量熱銷，小孩會把柚子外皮當作帽子戴。但比起蛋黃酥和柚子，最能連結台灣人中秋情感的，其實是「烤肉」。大人架起烤爐揮汗生火，這時沒事做的小孩就在一邊玩起煙火。

煙火的基本款就屬仙女棒了，通常是一個人先用炭火點燃仙女棒，其他人再把未燃的仙女棒抵在一起，直到每支仙女棒尖端都發出劈啪火光。這時孩子們彷彿小精靈，揮舞著仙女棒繞圈奔跑，即使沒幾秒時間就燃燒殆盡，燃燒後的刺鼻焦味似乎還深刻的遺留在鼻腔裡。

除此之外，水鴛鴦、勝利火花、沖天炮……各種煙火都有千奇百怪的玩法，甚至還會兩組人馬拿沖天炮互沖，現在回想都覺得以前的小孩真瘋。

因為有這樣的需求，每到中秋節就會出現許多販售煙火的攤販，以旗幟充當招牌，吸引路人目光。桌面上整齊擺放著琳瑯滿目的煙火，細心的老闆通常還會逐項寫上名稱與價格，讓顧客一目了然。

由於煙火價格不菲，基於預算考量，我通常會以便宜耐玩的仙女棒為主，再搭配幾種較貴的沖天炮或勝利火花作為點綴。有些老闆除了煙火，還會販售烤肉用具，晚上想烤肉的人家不需跑到大賣場，在巷口的煙火攤就可以一次買齊。

99 花束攤

過去認識一位愛植物的大姐，會到我的工作室幫忙整理花草，並把修剪下來的花朵小心翼翼的帶回家，說是讓這些花再美個幾天。但對我這個「粗人」來說，平常生活大抵沒這種雅致，鮮少買花，會看到花通常是在特殊的節慶時節。

每到情人節前，許多花店或花販會把握這個送花的時機大肆行銷，在騎樓或路邊擺起臨時的攤位，將裝飾好的花束掛在鐵架上供顧客選購，每個花束上還綁著可愛的娃娃或是金莎巧克力，花團錦簇的攤子在燈光照射下，就像童話世界裡的花園一樣。

花束攤除了情人節會出現，在各種需要送花的場合也會看到賣花的攤商，例如學校畢業典禮時，花束攤會聚集在校門口；母親節時，路邊則會有一些兜售康乃馨花束的花販。

100 選舉周邊商品

台灣人對於選舉的狂熱，反映在我們的生活當中，不僅每日媒體都在討論政治議題，朋友聚在一起也是三句話不離政治，而到選舉期間，大街小巷更是「旗海飛揚」，許多未曾見過的候選人這時都出來懇請「搶救」一票，形成台灣獨有的選舉風景。

選舉期間，許多攤販會以國旗形象製作周邊商品來販售，更有些業者將候選人做成Q版娃娃來販賣。這類的攤販通常擺在競選造勢的場合，民眾感染現場造勢的氣氛，通常會把這類的攤子一掃而空。

對於這種選舉商機，我印象最深刻的是陳水扁的「阿扁公仔」與「扁帽」，掀起年輕人爭相購買，視為一件很「潮」的事。多年後韓國瑜引發一陣「韓流」炫風，也曾製作許多小型公仔，許多民眾也會購買來象徵自己的支持。

但對我來說，有著明顯的國旗符號或是台灣字樣的衣服，通常較難穿搭，選舉一過，大概也很難再穿第二次。所以購買這些特定商品，就當作躬逢其盛的收藏，不把支持穿在身上，只放在心中就好了。

PART

4

聚攤
成市

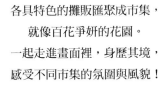

各具特色的攤販匯聚成市集，
就像百花爭妍的花園。
一起走進畫面裡，身歷其境，
感受不同市集的氛圍與風貌！

夜市

從小生長在屏東的我，對夜市最早的印象是每週日晚上出現在道路兩側的流動攤販，這種擺放在道路兩側的市集模式，屏東人稱為「商展」（siong-tián）。後來政府也規劃了一個區域，讓攤販在固定的空地上營業，形成了「夜市」。

夜市的攤販五花八門，分類也較隨興，可能賣手機周邊商品的隔壁是賣烤玉米，賣服飾的對面在賣章魚燒，逛街的人們沿途吃了幾道小吃，最後走到占地較大的遊戲攤玩遊戲。各家攤販為了吸引顧客目光，除了本身的招牌，更會製作大型的「關東旗」，遠遠望去各色林立，頗有日本戰國時期各路人馬豎起大旗的氣勢。

以前沒有什麼百貨公司或商店街，每到晚上想要找地方走走，夜市是為數不多的選擇。年幼時總期待父母心血來潮，帶我們姐弟三人去夜市，吃棉花糖、霜淇淋，當然也要玩一局彈珠台和迷你小火車。求學期間也時常和同學騎車去夜市，記得當時屏東的瑞光夜市周邊想要找地方停機車都很困難，裡頭更是擠得水泄不通，令人懷疑是不是屏東人全都跑來夜市了？

說起夜市裡的奇觀，過往甚至有賣藥攤販以「脫衣舞」作為噱頭，老闆舌燦蓮花的吹噓藥效，妙齡女郎在台上婀娜多姿的擺動身體。印象中曾偷跑進去湊熱鬧，但從未看到什麼火辣的畫面。如今，夜晚的娛樂選擇更加多元，夜市的吸引力大不如前，屏東曾叱吒一時的瑞光夜市也早已熄燈，但對我來說，夜市仍是台灣重要的文化風景，更繫著許多人的回憶。

傳統市場

一早去逛市場，往往能看到人山人海的盛況，道路兩側擠滿各類流動攤販，甚至連路中間都聚集了推車，行人自動遵行由各攤位區隔出來的「走道」，其中又不時有闖入的機車騎士，這樣的畫面雖然凌亂，卻充滿了生命力。

市場是一個讓人可以打開五感的地方，不僅有老闆的叫賣、客人討價還價，還有攤販間互相調侃的宏亮笑聲。在不同販賣區能聞到的味道大有不同，生鮮攤、熟食攤，甚至是乾貨攤的氣味各異，一定能開啟未曾經驗的嗅覺體驗。市場在視覺上的刺

激更是豐富，蔬菜的綠、肉類的紅、服飾店牆上的衣服與攤販的帆布招牌，目光所及之處，都是滿溢的色彩。我特別喜歡觀察攤販的手寫招牌，用詞簡要直率，「俗」又有力，每次都因攤販充滿幽默的小巧思而會心一笑。

市場包含了相當豐富的庶民生活樣貌，販賣的商品、攤商的口音、顧客的衣著都再再突顯了獨特性，就像是當地的文化縮影。自助旅行的旅人常常希望能「體驗在地風情」，比如我們到了土耳其，會去參觀香料市場；人在大阪，也一定要造訪黑門市場，大啖新鮮的海產饗宴。同樣的，如果外地的朋友來到台灣，各地的市場絕對是我第一推薦的地方。

年貨
大街

年貨大街是農曆新年不可錯過的特色市集之一，販售與過年有
關的各類商品。家家戶戶需要添購的，不論是招待客人的零
嘴、返鄉送禮的禮盒、宴請親友的年菜食材，這裡都買得到。
除了堆積如山的年貨，有些地方還有傳統民俗表演、技藝展
示，當然也少不了許多美食攤位，行走其中，便可感受濃厚的
年節氛圍。

新年的顏色以金色和紅色為主，金色代表財源滾滾，紅色象徵
逢凶化吉。市集裡會高掛大紅燈籠，攤販往往也會準備金元寶
造型的小物來裝飾攤位，更別說引人注目的招牌與紅通通的春
聯，看過去一片喜氣洋洋，無形中似乎也刺激不少購買欲。

對攤商來說，年貨大街是每年的兵家必爭之地，通常會規劃在商圈或各地的傳統市集區，方便顧客與遊客造訪。各個攤商都想爭取進駐的機會，即使租金高昂，仍期待能有一席之地，在過年期間大賺一筆。

對人們來說，年貨大街不僅是採買年貨的地方，更是一個充滿儀式性的場所，即使吃喝用品多半也可在大賣場採買或上網訂購，每年仍要來此地一遊，彷彿要走這一趟才有準備過年的感覺，有些人甚至是扶老攜幼前往，宛如一種傳承，這也反映出台灣人的生活習性與文化情感。

常被喚作「跳蚤市場」的二手市集，裡頭賣的多是老舊淘汰的物件，又因許多物件來歷不明，所以也有「賊仔市」（tshát-á-tshī）的別稱。不知道是否如此，似乎有許多攤販不太喜歡顧客拍照，讓二手市集多了一股神祕感。

這類市集有些就在高架橋下，有些則在露天的空地上，以地攤的方式擺設。攤與攤之間沒有隔牆，通常會以較高的物品自然隔出彼此的空間。各攤賣的東西五花八門，從錄音帶、大同娃娃、盆栽到玉石器都有，偶爾也會看到潮溼泛黃的畫作堆置在一旁，呈現一種深褐色的老舊感。空氣中混雜著工具的鏽味、檜木香，以及陳舊家具散發出的樟腦丸味道。

近年許多老舊日式宿舍拆除，拆除後的欄間、黑瓦、陶瓷礙子等建材，或是住戶搬家帶不走的檜木櫥櫃，常會輾轉出現在二手市集，又因愈來愈多人重視老屋的維修與再利用，這些老舊家具意外成為當紅炸子雞。網路上也出現許多販賣老物的社群，不論在比價或是購買上都便利許多，算是二手市集的變遷吧。

二手老物多是隨人喊價，剛開始接觸時，我也很擔心被騙，但後來發現其實不用過於緊張，因為二手市集的有趣之處在於「尋寶」，通常是不抱期待、漫無目的探尋，帶點不期而遇的趣味。因為沒有公定價，全憑賣賣雙方心領神會，如果看到喜歡的東西就隨口問問，價格若能接受就買，錯過也無妨。多家比較，久了也就「識貨」了。

創意
市集

許多創作者心中都有「擺攤夢」，時常在路邊或捷運站旁見到許多攤販，以輕便腳架支撐皮箱，販賣著自己創作的商品。高雄文化中心旁有條路，每到假日都會舉辦創意市集，成為在地的特殊觀光景點。記得剛大學畢業的我，也深深著迷於這樣的創作經營模式，後來還真的去潮州夜市擺過一次攤，算是人生難得的體驗。

經過多年的蛻變，近年的文創市集更具規模，除了各攤的商品充滿創意，主辦方在策劃市集時，也有一種「策展」的概念，希望將市集打造成某種特殊的情調。有些創意市集會主打特定

的攤販種類，區分單車攤販或是貨車攤販，在篩選攤販時會考量其外觀風格是否符合市集的主題調性，連遮陽傘與桌巾的顏色、質料都要統一規定，使得整體美感更有一致性。

我們的生活環境就像是一個開放的美術館，無形中都在影響我們的美感。創意市集的整體風貌比起其他種類的市集，似乎更多了對於質感與美感的追求。對我來說，創意市集除了更接近年輕族群，多了點奔放的活力，其實也象徵了一種多元、創意，以及反映出這個世代普遍對品味的重視，大概可以視為一種新時代的市集吧。

我眼中的攤販

看見生存的難處

我們生活周遭的百工百業，許多都是以攤販的模式在經營，有些攤販在營業上也常踩在法律的模糊邊緣，例如占用人行道、沒有營業執照，或是製造了髒亂與噪音。警察為了維護法律與秩序，自然需要出面勸導或開罰，營業行為的背後有許多值得探討的社會問題。

為了收集資料，撰寫過程中，詢問了身邊一些擺攤朋友的想法，這才得知攤販除了要克服天候變化、承擔沒有顧客上門的不安，更常要與警方達成某種「共識」。我想起在夜市逛街的時候，只要發現道路中間擁擠的攤販開始躁動，並快速的將攤車推到一旁巷弄，多半可料到是因警察「緩慢」的晃進來了。等到警察「形式上」走過之後，攤販再將攤車推回原位，市集瞬間又恢復原來的吵鬧。

近年人們對於市容與路權的討論愈來愈多，見到路邊攤，心中先浮現的，往往是「這樣是否合法」的念頭，不時也有拍照檢舉的情事，以致攤販人人自危。當我在街頭拍照取景時，許多攤販看到我拿相機，常以為我是檢舉民眾，態度十分抗拒。在這樣的社會氛圍下，傳統攤販的生存更為不易。

我並不鼓勵違規或占用道路等行徑，但也不希望這些討論造成攤販與行人之間的對立。直到這本書寫完，站在法令與人情之間，我仍然想著：我們是否可以嘗試用較溫柔的心情，同理擺攤的難處？

總之，仔細想想，擺攤就像是一種博弈，與天候、人潮、法規在賭，各種突發狀況簡直是家常便飯。這麼多的不確定，難怪大多數攤販都會按時祭天。既然無法掌握未知的變數，除了自己做好準備，也只能向天祈求了。

獨特的人文風景

即使攤販的營業存在許多問題，但的確讓台灣的風景顯得精彩且富有「人味」。許多地方為了市容及衛生，蓋了嶄新的商場，將攤販整頓起來，雖然本意良善，但整齊劃一的商場往往失去了以往的生氣，更流失許多老客戶。有趣的是，當我們出國遊玩，反而多著迷於在地市場與攤販熱鬧的「煙火氣」，總想造訪在地人才會去的市場，看看他們的生活樣貌，這其中的反差值得我們思考。也許，比起大刀闊斧的抹除屬於自己的庶民文化，如何從新觀念與舊型態之間找到更好的平衡，才是我們需要努力的方向。

時光流轉也是我在繪寫攤販時，深有感受的一件事。老舊攤販的老闆年事已高，後代可能不願傳承這樣的經營模式，又因外送平台的興起，商業模式逐漸轉變，許多攤販轉為運用電商或外送平台來銷售，再加上這幾年疫情的推波助瀾，「熊貓」和「Uber」頓時成了台灣兩個最大的「小吃攤」，某種程度也正在加速攤販的消失，這似乎已是不可逆的趨勢。

人們都會追求更為便利的生活模式，也許在多年後，攤販這種營業模式只能在記憶中憑弔，只希望我們在享受現階段的便利時，也不忘回頭看看這些屬於台灣的人文風景。

○ 繪下已經熄燈的屏東瑞光夜市，那裡有著我的許多回憶。

各方
推薦

活得更像個人

我一直以為大家都是這樣的。

下午三點半到四點左右,爸爸會騎機車載我去呷點心,也許富盛號碗粿,也許邱家小卷米粉,或者阿松割包,又或牛肉湯,再不然福記肉圓;吃完再喝杯大道蓮藕茶解膩,抑或雙全紅茶。

我還記得那白鐵鑄成的攤子,總有一大串冒出的青草,我努力捧著手上冰得有些誇張的玻璃杯,大口喝下,等待那冰涼感化成疼痛直衝腦門,並在眼角餘光中,看到父親一口喝完,使勁放下杯,在攤子明亮泛水氣的檯上。

我是仰望的,崇拜著父親喝飲料的身影,倚在攤子旁,真帥真高大。我心想以後長大,也要帶著我的孩子來,一口喝掉給他看。

四十年後,我做到了,在同一座白鐵鑄成的攤子前,我女兒驚訝的仰頭看我。我一口氣喝下,擱杯子在那檯上的時候,發現銀白色的檯面,竟成了面鏡子。水珠環繞間,我看到自己的臉,那五官竟出奇的和父親神似。

我難免覺得,每個家庭都有屬於自己的那一攤。

那一攤的老闆名字,你未必知道,但你知道自己在那裡感到幸福,並深深印在心房。不常提,但串起你和喜愛卻鮮少開口言愛的那個人,那個家人。

於是,在我翻看這書時,那些記憶活了起來。那個六歲的我也站在我身旁,一起看著,細細瞧著那細節,那些常常來自生活智慧的奇妙機關,不只餵飽攤主一家人,也滋潤這一整座島數十年。

那些都很珍貴,值得收藏。

那些都很台灣,你不該錯過。

我常覺得,AI時代,不想被淘汰,那就要活得更像個人,更有人性,更懂人情,這書就是。

——盧建彰｜詩人導演、作家

好評讚譽

開翔不只是位技術高超的速寫畫家,他的纖細感性如吟遊詩人,分析理性如人類學者。這本備受期待的新作,勾勒出浮世繪般的路邊攤眾生相。筆觸深情而不濫情,觀點念舊卻不守舊。謝謝他為我們留下對庶民日常最溫柔同理的回眸、瞬間永恆的凝望。

——**李明璁**|作家、社會學家

攤販是台灣最具人情味的風景,在我們的日常生活中隨處可見,從路邊的叫賣、二手的推車、三輪車、貨車,到各色市集中的百味百攤。這本書中可以看到小小的攤販中有著各種細緻的學問,從成本的計算、空間的規劃、招牌的陳設、造型上的巧思都充滿細節,透過作者的觀察和細膩的筆觸,完整呈現台灣美麗的攤販風景。

隨著時代的改變,攤販風景也漸漸消逝,幸好《百攤台灣》幫我們留下了紀錄,既寫實,又懷舊,是一部可以觀看和值得收藏的歷史。

——**胡川安**|中央大學中文系助理教授

「攤販」是世界各地均可見到的最基本商業形式，也往往是最具在地特色的經濟型態。走近攤販，就能看到一個地方所具有的文化與社會特質。

鄭開翔的《百攤台灣》，不光用水彩畫筆精彩記錄了台灣百種攤販的樣態，更搭配生動的書寫，帶我們看到他對於台灣基層社會生活樣貌的細膩觀察。我們被其召喚，也被其感動。因為打開《百攤台灣》，你我都能立即想起自己最熟悉的城市角落與最想念的味道。這些攤販就是我們最平凡的日常，也是我們和這片土地最接地氣的連結。

——宋世祥｜「百工裡的人類學家」創辦人

開翔真的如他的名字一樣，到處飛，看到想記錄的，就停下來拿出畫具開畫。

有別於一般的寫生或速寫，大多是單純的描繪地景外型。假設完成的畫作本身是軀體，開翔又做了訪問筆記來補足，為軀體注入了靈魂。他的畫，灑脫中帶細，如其人。

百攤台灣，是記錄小販生活在台灣這片土地上的謀生演化，亦是攤販文化的記實圖像。一卡皮箱、一籃玉蘭花、一輛像變形金剛伸展的發財車……

你可以透過本書，看到攤販百花綻放、百家爭鳴，窺見百味人生。

——阮光民｜漫畫家

讀完《百攤台灣》一書，各種回憶湧現心頭。書中許多的攤位都出現在我們人生的各種階段，拼湊出成長的軌跡，邊讀邊想起自己與攤位的各種小故事。

我每週要去學校教書，教完一天的課，最期待就是在沙鹿火車站前向香腸伯買支香腸，犒賞自己。香腸表面微焦而多汁，咬下一口肉香，帶點酒氣，撫平了一天的辛勞。但從2021年中就再也沒看到香腸伯，每當經過火車站前，我還是會刻意望向那空蕩蕩的位置，大概是我近期印象最深刻的攤販了。

每個人的一生都可能與攤位有著不同的故事，我從書上看到的，不只是庶民求溫飽的小生活，也是填補我們平日苦澀的溫暖小確幸。相信你也能在這本書中找到一段或許被遺忘卻回味無窮的人生小事。

——良根｜台灣視覺藝術家

十多年前到台灣，就發現台灣有很多路邊攤，甚至還有行動販賣車，叫賣著琳瑯滿目的商品。從甜點、食物，到各式服飾、工具等，真是五花八門。攤販們包辦庶民生活所需，形成一種特別的台灣文化。

對於台灣攤販，我有很深的情懷，因為我自己也曾當擺攤一族好幾年，每個擺攤人背後都有著一段故事；我們的攤位是販售跑步運動用品，背後藏著老婆支持我做文化保留的辛苦奮鬥史。

鄭開翔老師用心觀察各式攤販的細節，包含一物多用的塑膠菜籃、能快速收錢找錢的服飾打扮、得靠「天」吃飯的精神……用其巧手把這一切記錄繪畫下來，每翻一頁就令人會心一笑。

書裡很多台灣早期的攤販，現在幾乎已不復見，亦或是慢慢的減少中，但透過鄭開翔老師的筆觸，讓我們重溫那個年代。或許您翻到某一頁，便帶起內心的想念，絕對是一本值得收藏的好書。

——吉雷米｜行腳節目主持人

百攤台灣

100 個攤販，100 種台味生活的方式！

圖・文————鄭開翔

資深編輯————陳嬿守
美術設計————王瓊瑤
行銷企劃————鍾曼靈
出版一部總編輯暨總監————王明雪

發行人————王榮文
出版發行————遠流出版事業股份有限公司
地址————104005 台北市中山北路一段 11 號 13 樓
電話————(02)2571-0297
傳真————(02)2571-0197
郵撥————0189456-1
著作權顧問——蕭雄淋律師
2023 年 7 月 1 日 初版一刷
2023 年 11 月 20 日 初版三刷

定價————新台幣 520 元
（缺頁或破損的書，請寄回更換）

遠流博識網 http://www.ylib.com
E-mail: ylib@ylib.com
遠流粉絲團 https://www.facebook.com/ylibfans

國家圖書館出版品預行編目 (CIP) 資料

百攤台灣：100 個攤販，100 種台味生活的方式！
鄭開翔圖 . 文 . -- 初版 . -- 臺北市：遠流出版事業
股份有限公司 , 2023.07
　　面；　公分
　　ISBN 978-626-361-157-3(平裝)

　1.CST: 攤販 2.CST: 臺灣文化 3.CST: 社會生活
　4.CST: 風俗畫

733.4　　　　　　　　　　　112008771